dtv

AF625796

Was ist ein gutes Gespräch? Ein ehrlicher, von Offenheit und Zugewandtheit getragener Gedankenaustausch, der das Zuhören (und auch das Schweigen) mit einschließt. So einfach das klingt, so schwierig ist es offenbar umzusetzen, denn um unsere Gesprächskultur steht es nicht zum Besten und jede Kommunikation birgt die Gefahr von Missverständnissen in sich. Anselm Grün spannt einen weiten Bogen vom öffentlichen zum privaten Gespräch. Er regt dazu an, unsere Sprache, auch unsere Körpersprache, auf den Prüfstand zu stellen: Wie reden wir über andere? Machen wir uns bewusst, was unsere Wortwahl bewirkt? Passen Gestik und Mimik zu dem, was wir sagen? Eine inspirierende Einladung zum Innehalten und Reflektieren.

Anselm Grün studierte Theologie, Philosophie und Betriebswirtschaft. Mehr als drei Jahrzehnte war er als wirtschaftlicher Leiter (Cellerar) der Benediktinerabtei Münsterschwarzach für rund 300 Mitarbeiter in den verschiedenen Betrieben des Klosters verantwortlich. Er ist einer der erfolgreichsten spirituellen Autoren und wird als Seelsorger und geistlicher Begleiter ebenso geschätzt wie als Seminarleiter und Trainer.

Anselm Grün

Achtsam sprechen kraftvoll schweigen

dtv

Ausführliche Informationen über unsere Autorinnen und Autoren und ihre Bücher finden Sie unter www.dtv.de

Von Anselm Grün sind bei dtv u. a. erschienen:
›Menschen führen – Leben wecken‹
›Königin und wilde Frau‹
›Die hohe Kunst des Älterwerdens‹
›Die Kunst, das rechte Maß zu finden‹
›Versäume nicht dein Leben‹
›Vom Glück der kleinen Dinge‹

MIX
Papier aus verantwortungsvollen Quellen
FSC® C019821

Ungekürzte Ausgabe 2020
dtv Verlagsgesellschaft mbH & Co. KG, München
© 2013 Vier-Türme GmbH, Verlag,
D 97359 Münsterschwarzach Abtei
Das Werk ist urheberrechtlich geschützt.
Sämtliche, auch auszugsweise Verwertungen bleiben vorbehalten.
Umschlaggestaltung: dtv unter Verwendung eines Fotos von Bernd Roselieb/VISUM
Satz: C.H.Beck.Media.Solutions nach einer Vorlage der Vier Türme GmbH
Druck und Bindung: Druckerei C.H.Beck, Nördlingen
Printed in Germany · ISBN 978-3-423-34986-4

INHALT

»Wir können nicht nicht kommunizieren.«

»Wir können nicht nicht kommunizieren.« – Diese bekannte Aussage des österreichischen Psychologen Paul Watzlawik beschreibt unser menschliches Leben als ständige Kommunikation. Ständig sind wir im Gespräch. Selbst wenn wir schweigen, sprechen wir. Wir drücken etwas mit unserer Körperhaltung aus. Wir sind im Austausch miteinander.

Im Gespräch wollen wir uns dem anderen gegenüber verständlich machen und auch von ihm verstanden werden. Und wir möchten am Leben des anderen teilhaben. Und doch kommen meine Worte beim anderen oft anders an, als ich sie gemeint habe. Es ist nicht selbstverständlich, dass ein Gespräch gelingt. In Familien, in Gemeinschaften, in Firmen herrscht oft Sprachlosigkeit. Und viele Gespräche misslingen.

Heute werden viele Rhetorikkurse angeboten. Gerade bei Führungskräften in den Unternehmen sind solche Kurse beliebt. Denn Führungskräfte spüren, wie wichtig es ist, das in einer guten Sprache zum Ausdruck zu bringen, was sie ihren Mitarbeitern oder Kunden vermitteln wollen. Doch oft werden bei solchen Rhetorikkursen nur Techniken gelernt, wie ich effektiver und gefälliger sprechen kann. Die Sprache wird als Werkzeug benutzt, um eine bessere Wirkung zu erzielen.

Mir geht es in diesem Buch nicht um Effektivität oder um eine bessere Wirkung auf andere durch eine gefälligere Sprache. Mir geht es vielmehr darum, erst einmal dem Geheimnis der Sprache nachzuspüren. Wir sprechen jeden Tag miteinander. Aber was geschieht, wenn wir miteinander sprechen? Was drückt Sprache aus? Was bewirkt sie? Und was ist ihr Geheimnis?

Wenn ich Bücher über Sprache lese, geht es mir oft so, dass ich dann meine eigene Sprache kontrollieren möchte oder aber dass ich ängstlich darauf schaue, wo ich diesen oder jenen Fehler beim Sprechen mache. Doch auch darum geht es mir in diesem Buch nicht. Ich möchte kein schlechtes Gewissen erzeugen. Ich möchte nicht anklagen und anmahnen, weil jemand eine unbedachtsame Sprache spricht.

Ich möchte vielmehr meine eigene Sensibilität und die der Leser und Leserinnen für das Geheimnis der Sprache schärfen. Ich möchte Lust darauf machen, mit der eigenen Sprache achtsamer umzugehen.

Seit jeher haben Philosophen, Theologen und Dichter über die Sprache nachgedacht. Und sie sind alle zu keinem eindeutigen Ergebnis gekommen. Es gibt keine Einheitssprache, die wir perfekt lernen könnten. Und es gibt in diesem Buch auch keine Regeln, die wir beim Sprechen einhalten sollten. Dieses Buch möchte die Augen und die Ohren öffnen für das, was im Sprechen und Hören und Lesen geschieht. Was macht die Sprache mit mir und was mache ich mit der Sprache? Wo hat die Sprache mich schon beschenkt? In welcher Sprache fühle ich mich daheim, fühle ich mich angenommen und verstanden? Und welche Sprache regt mich auf, ärgert mich, macht mich unruhig?

Die Sprache ermöglicht das Gespräch. Schon für die griechischen Philosophen war das Gespräch eine wichtige Quelle der Erkenntnis. Sie haben das Gespräch als den Ort geschätzt, an dem Menschen sich begegnen und an dem sie sich gegenseitig anregen, das Geheimnis des Menschseins immer tiefer zu erkennen.

Diese griechische Gesprächskultur hat vor allem der Evangelist Lukas in seinem Evangelium und auch in der Apostelgeschichte im

Blick gehabt. Jesus vermittelt bei ihm die wichtigsten Botschaften in Gesprächen – vor allem in Gesprächen, die bei einer Mahlzeit stattfinden.

Das Symposium, das gemeinsame Mahl, verbunden mit tiefen Gesprächen, prägte die griechische Denk- und Sprechkultur. Und wir spüren, dass wir etwas von dieser Kultur auch für uns heute wieder brauchen: sowohl für die Gespräche in der Familie, in der Kirche, in der Klostergemeinschaft, in der Firma als auch für die öffentlichen Gespräche in Rundfunk und Fernsehen.

Heute beobachten wir oft einen Verfall der Gesprächskultur. In Talkshows wird aneinander vorbeigeredet. Da dient das Gespräch nicht der gegenseitigen Wertschätzung und dem gemeinsamen Ringen um die Wahrheit, sondern eher der Sensation und dem Ohrenkitzel der Zuschauer und Zuhörer. Politiker führen keinen Dialog mehr, sondern benutzen das Forum des Parlaments oder auch die Medien dazu, ihre eigene Position wirkungsvoll darzustellen und den politischen Gegner lächerlich zu machen. Da ist kein Hören und Zuhören und wirkliches Sprechen mehr zu beobachten. Da entsteht kein Gespräch, wir müssen uns nur ein ständiges Gerede anhören.

In vielen Bereichen versucht man, eine neue Gesprächskultur zu entwickeln. Man spricht von »Gewaltfreier Kommunikation«, mit der Marshall B. Rosenberg beim Versöhnungsprozess zwischen zerstrittenen Gruppen gute Erfahrungen machen konnte. Firmen geben viel Geld aus, um durch Seminare ihre Gesprächskultur zu verbessern. Die Kirche hat seit dem Zweiten Vatikanischen Konzil immer wieder versucht, Gesprächsforen zu schaffen, um einen guten Dialog zwischen Bischöfen und Priestern und Laien zu ermöglichen. Auch als Antwort auf die Missbrauchsdebatte wurde der Ruf nach offener Kommunikation in der Kirche wieder lauter. Und in zahlreichen Diözesen wurde ein Prozess des Dialogs begonnen. Bei all diesen Versuchen ist viel guter Wille vorhanden. Doch manchmal gelingt das Gespräch trotzdem nicht so, wie man es erwartet. Manchmal werden Erwartungen an das Gespräch geknüpft, die ein wirkliches Aufeinander-Eingehen und Aufeinander-Zugehen erschweren.

In diesem Buch möchte ich darüber nachdenken, was ein wirkliches Gespräch ausmacht. Und ich möchte mir Gedanken über die Sprache machen, die wir sprechen. Denn bevor ein Gespräch gelingen kann, braucht es die Achtsamkeit für die Sprache. So möchte ich über das Geheimnis der Sprache nachdenken.

»Deine Sprache verrät dich ja« (Matthäus 26,73), sagt die Magd zu Petrus. Unsere Sprache, die wir sprechen, verrät unsere innere Einstellung, sie verrät auch unsere unterdrückten Bedürfnisse und unsere verdrängten Aggressionen. Daher ist es gut, die Voraussetzungen des Sprechens in den Blick zu nehmen und die innere Haltung zu bedenken, die sich in der Sprache ausdrückt.

Die Sprache prägt eine Zeit und eine Gesellschaft. Germanisten stellen heute einen Sprachverfall und ein mangelndes Verständnis für die Sprache fest. Als die Bayerische Akademie der Schönen Künste im Jahr 1959 eine Vortragsreihe über »Die Sprache« hielt, meinte der Grafiker und Bühnenbildner Emil Preetorius in seiner Eröffnungsansprache, dass die von der Grammatik ausgehende Kritik am Sprachverfall noch nicht das eigentliche Wesen der Sprache treffe. Es gehe vielmehr darum – wie der Schriftsteller Günther Eich, den Preetorius jetzt zitiert –, die Welt als Sprache zu sehen: »Als die eigentliche Sprache erscheint mir diejenige, in der das Wort und das Ding zusammenfallen.« (Preetorius 10)

Das ist das eigentliche Problem: dass die Sprache, die wir heute sprechen, oft nicht mehr die Dinge zur Wirklichkeit werden lässt, sondern irgendetwas über die Dinge sagt, ohne dass die Dinge zur Sprache kommen. Wenn ich im Zug fahre und aufmerksam den Gesprächen folge, die um mich herum geführt werden, dann erschrecke ich manchmal über die Banalität der Sprache. Es werden viele Worte gemacht. Aber es wird nicht wirklich etwas ausgesagt. Die Welt bringt sich in diesen Worten nicht zur Sprache.

Manchmal fällt mir natürlich auch die Unfähigkeit auf, ganze Sätze zu sprechen. Da werden nur Satzfetzen hin und her geworfen. Aber es ist kein Gespräch. Es entsteht keine Gemeinschaft des Sprechens. Die Sprache verbindet nicht, sondern verweist nur auf die Vereinsamung und das Unbehaustsein der Menschen. Die Menschen sind nicht mehr in der Sprache zu Hause.

Oft höre ich auch Menschenverachtung heraus, wenn über andere geredet wird. Ausländer, die gut Deutsch gelernt haben, tun sich schwer, dieser Sprache zu folgen. Es ist nicht die Sprache, die sie gelernt haben. Es ist nicht die Sprache deutscher Dichter und Denker, sondern eine banale Sprache. Die Sprache verrät uns. Sie verrät die Banalisierung unseres Denkens.

Dolf Sternberger hat die Sprache des Dritten Reiches untersucht und dort das Verräterische der Sprache entdeckt. Im Dritten Reich häufen sich »Be-Worte« wie: befehlen, behandeln, bestimmen, beherrschen, bekämpfen, befallen, beaufsichtigen, bedauern, behaupten, beschimpfen. Die Vorsilbe »be-« drückt oft einen Zugriff oder einen Eingriff aus und hat etwas Gewalttätiges und Autoritäres an sich.

Allerdings hat »be-« manchmal auch eine positive Bedeutung wie in: begeistern, besänftigen, beleuchten, bekleiden. Dann drückt es die Zuwendung einer Fähigkeit aus. Aber im Dritten Reich wurden die aggressiveren Formen der Be-Worte bevorzugt. Dolf Sternberger musste bei der Neuherausgabe seines Buches »Aus dem Wörterbuch eines Unmenschen« feststellen, dass sich die Sprache im Jahr 1960 kaum geändert hat, und dass sich die Sprache des »Unmenschen« in den Behörden weiter verbreitet hat.

Ein slowenischer Priester, der während der kommunistischen Zeit in Deutschland gelebt und gearbeitet hat, stellte bei seiner Rückkehr nach Slowenien nach der Wende fest, dass die Kommunisten die Sprache verändert hatten. Er begegnet in seinem Land einer anderen Sprache als der, die gesprochen wurde, als er vor den Kommunisten nach Deutschland geflohen war. Die Leute im Land haben es gar nicht gemerkt, aber unmerklich hat sich die menschenverachtende Philosophie der Kommunisten immer mehr in der Sprache widergespiegelt.

Bei einem Besuch in der Ukraine durfte ich vor der Stadtverwaltung von Lemberg (Lviv) einen Vortrag über »Führen mit Werten« halten. Da ging ich auch auf die Sprache ein. Beim Gespräch mit einem Verantwortlichen in der Verwaltung erzählte mir dieser dann, dass er sich darum bemühe, die Sprache seiner Angestellten zu verändern. Denn in der kommunistischen Zeit behandelten die Angestellten einer Behörde die Bittsteller immer als Eindringlinge, die zurückgewiesen und zurechtgestutzt werden mussten. Die Feindseligkeit den Bittstellern gegenüber drückte sich in einer aggressiven und menschenverachtenden Sprache aus.

Es ist nicht so einfach, die Sprache einer Behörde zu verändern. Das geht nicht über Erlasse, dass bestimmte Worte nicht mehr benutzt werden dürften, sondern es braucht ein Bewusstwerden, was wir mit unserer Sprache in den Herzen der Menschen bewirken. Aber die Veränderung der Sprache einer Behörde schafft auch ein neues Klima in einer Stadt, in einem Land. Über die Sprache geschieht die Verwandlung eines Menschen. Indem wir lernen, anders zu sprechen, werden wir anders.

Natürlich kann dieses andere Sprechen nicht rein äußerlich eingeübt werden, es muss Ausdruck unseres anderen Denkens sein. Denken und Sprechen beeinflussen sich gegenseitig.

Ich möchte in diesem Buch auf das Phänomen von Sprache und Gespräch von verschiedenen Gesichtspunkten aus eingehen. Dabei habe ich nicht den Anspruch, die philosophischen und theologischen Geheimnisse der Sprache darzulegen. Ich möchte mehr beobachtend auf das Phänomen der Sprache eingehen, von der Bibel aus, aber auch von konkreten Beobachtungen bei der heutigen Sprache. Dabei gehe ich subjektiv vor. Ich greife das heraus, was mich persönlich interessiert, was mich innerlich bewegt – in der Hoffnung, dass dies auch die Leser und Leserinnen berührt.

Dabei lasse ich mich von dem Gespräch anregen, das wir in einem kleinen Kreis geführt haben. Eine Lektorin, ein Pastoralreferent, ein Wirtschaftsmediator, ein Novizenmeister, ein Student, eine Buchhändlerin und Mitarbeiter des Verlages sprachen über das, was uns zur Sprache und zum Gespräch einfällt. Es entstand ein Gespräch, aus dem ich erfrischt herausging.

Bei einem Gerede werde ich müde, ein Gespräch erfrischt. So hoffe ich, dass auch Sie, liebe Leser und liebe Leserinnen, beim Lesen dieses Buches nicht müde werden, sondern erfrischt sind, weil Sie mit dem eigenen Herzen und den eigenen Erfahrungen von Sprache und Gespräch in Berührung kommen.

Muttersprache – Vaterland

Es ist nicht zufällig, dass die deutsche Sprache von der »Muttersprache« und vom »Vaterland« spricht. Mit dem Begriff des »Vaterlandes« assoziieren wir eher den Besitz. Der Vater besitzt das Land. Das Vaterland gehört uns. Es ist der Raum, den wir bewohnen, aber auch das Land, das wir bearbeiten, das uns die Früchte der Erde spendet. Das Vaterland verteidigt man gegen seine Feinde. Es ist ein Besitz, den man schützen und verteidigen muss.

Die Muttersprache muss man nicht verteidigen. Sie ist der Schoß, der uns Geborgenheit schenkt. Die Muttersprache kann uns kein Feind nehmen – höchstens wenn er sie verfälscht und wir es gar nicht bemerken. Die Muttersprache bedarf der Pflege und der Achtsamkeit. Und es braucht eine Beziehung zur Muttersprache, damit ich aus dem mütterlichen Brunnen meiner Sprache trinken kann.

So wie die Mutter für das Kind da ist, so ist in der Mutter immer schon die Muttersprache da: »Und das Kind wächst in sie hinein; es eignet sich die Muttersprache an. Das Kind ist spielend mit der Aneignung der Sprache beschäftigt. Spielend ahmt es die Wörter und ihren Zusammenhang nach und ahmt damit zugleich vor, was es später sprechen wird. Es prägt in Gedächtnis und Erinnerung ein, was selbst schon ein Gedachtes und Erinnertes ist. Denn die Sprache, das Wort, das wir sprechen, ist ein Gedachtes und Erinnertes, das immer wiederkehrt.« (Jünger 55)

Das Erlernen der Muttersprache ist für das Kind nicht etwas rein Äußerliches. Das Kind »wächst in das Verstehen der Sprachgemeinschaft hinein und beginnt sich darin selbst zu verstehen. Es findet die Sprache nicht nur als etwas Äußeres, Außer-ihm-Liegendes vor, es entfaltet in ihr sein eigenes inneres Leben, seine Lebendigkeit, die aus der Zugehörigkeit kommt.« (Ebd. 57) In der Muttersprache wächst das Kind heran und findet immer mehr zu sich und seiner Identität. Es versteht sich immer schon in seiner Sprache.

Die Sprache selbst hat etwas Mütterliches. Sie bewertet nicht, sondern sie bringt zur Sprache, was ist. Und die Sprache nährt. Sie lässt den Menschen wachsen. Sie schenkt ihm Geborgenheit und Heimat. Die Mutter spricht das Kind an. Die ersten Worte, die das Kind immer wieder hört, prägen das Gemüt eines Kindes. Dabei sind es nicht nur die Worte, die gesprochen werden, sondern die Art und Weise, wie sie ausgesprochen werden.

Doch die Muttersprache ist nicht nur die Sprache, die die Mutter zu uns gesprochen hat, sondern die Sprache selbst wird zur Mutter, die sich uns zuwendet, die uns tröstet, die uns ermutigt und die uns auf all das Schöne unseres Lebens hinweist.

Wenn Menschen in ihren Heimatort kommen, dann tönt ihnen sofort der eigenartige Klang entgegen, in dem man dort spricht. Das gilt vom Dialekt, aber auch von der ganzen Sprachmelodie. Die neue Hochschätzung des Dialektes, die wir heute beobachten, entspricht dieser Sehnsucht nach der Sprache als Heimat. Im Dialekt kann man normalerweise keine theoretischen Diskussionen führen.

Dialekt ist Ansprache und Zusprache. Durch ihn fühle ich mich als Person angesprochen und es wird mir etwas zugesprochen. Es wird mir die Liebe zugesprochen, aber auch die Weisheit, die die Menschen dieses Ortes in ihrer Sprache verdichtet haben. Dialekt kommt von Dialog. Der Dialekt ist eine dialogische Sprache, eine Sprache, in der man miteinander ins Gespräch kommt.

Der Dialekt ist immer auch eine bildhafte Sprache. Und eine bildhafte Sprache drückt nur positive Sachverhalte aus. Sie kann einen Sachverhalt gar nicht verneinen. Das Nichteintreffen eines Ereignisses kann man gar nicht bildhaft darstellen. (Vgl. Watzlawick

56) Der Dialekt ist demnach eine bejahende Sprache, eine Sprache, die wie die Mutter das Leben hegt und pflegt und es nicht – wie manche Rationalisten – verneint und in Frage stellt. Die Muttersprache ist eine nährende Sprache und eine vertrauensvolle Sprache, die uns ins Leben einführt.

Über die Sprache als Heimat hat vor allem die jüdische Dichterin Hilde Domin geschrieben. Heimat ist für sie das Unverlierbare. Und das ist eben die Sprache: »Für mich ist die Sprache das Unverlierbare, nachdem alles andere sich als verlierbar erwiesen hatte. Das letzte, unabnehmbare Zuhause. Nur das Aufhören der Person (der Gehirntod) kann sie mir wegnehmen. Also die deutsche Sprache. In den anderen Sprachen, die ich spreche, bin ich zu Gast. Gern und dankbar zu Gast. Die deutsche Sprache war der Halt, ihr verdanken wir, dass wir die Identität mit uns selbst bewahren konnten. Der Sprache wegen bin ich auch zurückgekommen.« (Domin 14)

Der Zustand im Exil war für Hilde Domin »unheimlich«. Dort hatte sie zwar die Sprache als Heimat. Aber sie konnte sich in der Muttersprache nicht mit den Menschen in ihrem Exil verständigen. Sie musste eine andere Sprache lernen. Umgekehrt war es für sie aufregend, »wieder nachhause zu kommen. In das Land der Geburt, wo die Menschen deutsch reden.« (Ebd. 14) Als sie von Heimat sprach, reagierten deutsche Schriftstellerkollegen mit Befremden. Doch Domin hält fest: »Wir leben ja in einer Krise der Zugehörigkeiten. Auch in einer Sprach- und Sprechkrise. Der Kommunikationskrise, der Identitätskrise. In der Nicht-Heimat.« (Ebd. 16)

Wer sich seiner Sprache nicht bewusst ist, findet seine Identität nicht. Sprache ist ein wichtiger Ort der Identitätsfindung. Und die Sprache ist der Ort der Zugehörigkeit. Wenn ich die gleiche Sprache spreche, gehöre ich zu den Menschen, die mich hören und die ich höre.

Die äußere Heimat kann man einem Menschen rauben, die Heimat nicht: »Die Sprache, in der ich die Welt gewissenhaft benenne, gewissenhaft mitteilbar mache (und auch so mitteile, dass ich gehört werde), die kann nicht wegnehmbar sein, sie ist die äußerste Zuflucht. Dieses Zuhause verteidige ich bis zu meinem letzten Atemzug. Wie früher ein Bauer seine Scholle. Ich kann gar nicht anders.« (Ebd. 16) Es ist ein schönes Bild, das Hilde Domin hier für die Sprache gebraucht. Sie ist Zuflucht für den Menschen. Wenn ihm alles genommen wird, die Sprache kann ihm nicht genommen werden – erst im Tod. Selbst wenn er nach außen verstummt, hat er die innere Sprache, in der er sich mit seiner Seele unterhalten kann und in der er etwas von Heimat mitten in der Heimatlosigkeit erfahren kann.

Die Sprache ist für Hilde Domin die Aneignung der Welt durch Sprache. Ich höre nicht nur auf die Welt. Im Sprechen über die Welt wird mir die Welt zum Eigentum. Ich eigne sie mir an. Ich nehme sie in Besitz. Sie gehört mir. Die Sprache bringt mich in Beziehung zur Welt und zu den Menschen, die mir zuhören. In der Sprache finde ich Gehör. Indem ich meine Erfahrungen mit der Welt mitteile, werde ich von anderen gehört. Und so gehört die Welt dem Sprechenden und dem Hörenden.

Wir spüren es selbst, was uns die Muttersprache bedeutet, wenn wir in einem fremden Land auf einmal die vertrauten Laute unserer Muttersprache hören. Wenn uns ein Deutscher im Ausland anspricht, fühlen wir uns sofort zu Hause. Und wir merken gleich, aus welcher Region des deutschen Sprachraums er kommt. Seine Sprache verrät ihn. Und wenn wir nach einem langen Aufenthalt in der Fremde wieder nach Hause kommen, erleben wir die Muttersprache auch als Heimat – als etwas, was uns Geborgenheit schenkt, was uns nährt und was unsere Seele auch behütet und schützt – und als »äußerste Zuflucht«, wie Hilde Domin das ausdrückt.

Die Sprache im Lukasevangelium

Der Evangelist Lukas war in griechischer Philosophie und Rhetorik ausgebildet. Das merkt man seiner gebildeten und schönen Sprache an. Er gilt in der Tradition als Arzt und Maler. Beide Bilder sagen etwas über seine Sprache aus.

Lukas spricht eine heilende Sprache. Lukas moralisiert nicht, er stellt auch keine dogmatischen Thesen auf. Er erzählt. Erzählung war die erste Form der Therapie. Indem ich eine Erzählung lese oder höre, werde ich verwandelt, es kommt etwas in mir in Bewegung, es geschieht in mir ein Prozess der Umkehr, ohne dass ich dazu moralisierend gedrängt werde. In der Erzählung finde ich mich selbst wieder.

Mit dieser heilenden Wirkung der Sprache steht Lukas in der Tradition der griechischen Philosophen. Plutarch berichtet etwa von Antiphon, dem Heiler: »Während er sich noch mit Poetik befasste, erfand er eine Kunst der Befreiung von Schmerz, ähnlich wie für jene, die krank sind, eine ärztliche Behandlung besteht. In Korinth wurde ihm ein Haus neben der Agora zugewiesen, auf dem er ein Schild anbrachte, wonach er Kranke durch Worte heilen konnte.« (Zit. n. Watzlawick 12)

Lukas hat mit seinem Evangelium ein Buch geschrieben, das Menschen lesen können, die an inneren und äußeren Krankheiten leiden, um so die heilende und tröstende Kraft der Worte an sich selbst zu erfahren. Lukas schreibt so von Jesus, dass die Leser und Leserinnen seine Wirkung als Arzt und Heiland an sich spüren. Das ist eine meisterliche Fähigkeit. Sie hat Lukas von Platon gelernt, der

»als der Vater der Katharsis, also der Seelenläuterung und Überzeugung durch Sprache« (Watzlawick 13) gilt.

Und die Sprache des Lukas ist eine malende Sprache. Lukas malt im Schreiben seines Evangeliums ein Bild von Jesus. Und er malt so, dass die Leser durch sein Gemälde verwandelt werden.

Der Würzburger evangelische Theologe Klaas Huizing meint, bei einer Erzählung des Lukasevangeliums gehe es einem wie Rilke beim Anblick des archaischen Torsos Apollos: »Da ist keine Stelle, die dich nicht sieht. Du musst dein Leben ändern.« In den Bildern, die Lukas in seinem Evangelium und in der Apostelgeschichte malt, sehen wir uns selbst. Und die Bilder schauen auf uns. Das verwandelt uns. Lukas moralisiert nicht und fordert mich nicht auf, mein Leben zu ändern. Aber indem er faszinierende Geschichten erzählt, geschieht Verwandlung und Änderung meines Lebens und meiner Lebenseinstellung.

Diese Bilder, die Lukas malt, kann man immer wieder anschauen, um ihre verwandelnde Wirkung zu erfahren. Dabei setzt Lukas wie die Griechen auf die Schönheit. Für die Griechen ist alles, was ist, schön. Und die Sprache hat die Aufgabe, der Schönheit der Dinge gerecht zu werden und die Menschen durch die Schönheit mit ihrer eigenen inneren Schönheit – mit dem göttlichen Glanz in sich – in Berührung zu bringen.

Wenn der Mensch mit seiner ursprünglichen Schönheit in Berührung kommt, dann wird er heil und ganz, gut und schön. Das Schöne ist für Platon immer auch »das Rechte, Geziemende, Gute, dem Wesen Angemessene, das, worin es seine Integrität, seine Gesundheit, sein Heilsein besitzt«. Lukas hat seine Heilungsgeschichten auch so geschrieben, dass die Menschen in ihre ursprüngliche Schönheit hineingehoben werden. Durch seine schöne Sprache wird das, was Jesus an den Kranken tut, für den Leser erfahrbar. Der Leser kommt mit seiner eigenen Schönheit, mit seinem ursprünglichen Glanz in Berührung.

Und die Sprache des Lukas ist eine emotionale Sprache. Er benennt nicht die Gefühle, sondern er drückt mit seiner Sprache die Gefühle aus. Man spürt an seiner Sprache, dass er sich in die Menschen hineinfühlt, von denen er schreibt, und dass er sich mit seiner Sprache dem jeweiligen Geschehen anpasst. Zugleich spürt man, dass er die Menschen liebt und mit Respekt von ihnen erzählt. Auch das ist ein Wesen von guter Sprache.

Die Sprache spricht zu jemand und über jemanden. Und an der Art und Weise, wie ich spreche, wird deutlich, ob ich Menschen liebe oder verachte, ob ich den Menschen gute Worte sagen möchte – oder schlechte. Gute Worte sagen heißt segnen (im Lateinischen: benedicere). Schlechte Worte sagen heißt fluchen (im Lateinischen: maledicere). Indem Lukas gute Worte schreibt, weil er gut vom Leser denkt und ihn liebt, werden seine Worte zum Segen für seine Leser und Leserinnen.

Die Sprache des Lukas ist eine herzliche Sprache, die die Herzen der Leser berührt. Das wird deutlich in seiner Erzählung der Kindheitsgeschichte Jesu oder in den wunderbaren Erzählungen vom verlorenen Sohn oder von den Emmausjüngern. Wer je diese Texte aufmerksam gelesen hat, der kann sie nicht mehr vergessen. Diese Geschichten haben seit Jahrhunderten die Menschen berührt. Und auch Nicht-Christen lesen diese Geschichten gerne, weil sie die Herzlichkeit darin spüren. Dichter haben diese Geschichten immer wieder zitiert, weil sie keine besseren Beispiele fanden, wie man herzlich über den Menschen und sein Schicksal, über seine Enttäuschung und Entfremdung, aber zugleich auch über die Freude des Wiederfindens und einer guten Begegnung schreiben kann.

Die Sprache des Lukas ist eine dialogische Sprache. Lukas hat immer den Leser oder Hörer im Blick. Und er liebt auch die Anrede. Er beginnt sein Evangelium schon mit einer persönlichen Anrede. Er widmet sein Evangelium einem vornehmen und reichen Mann: Theophilus. Diesem Theophilus möchte er die Geschichte

Jesu so erzählen, sodass dieser sich von der Zuverlässigkeit der Lehre überzeugen kann. (Vgl. Lukas 1,4)

Die dialogische Sprache des Lukas wird auch nochmals bei den Seligpreisungen deutlich. Matthäus hat die acht Seligpreisungen als Weisheitsworte in der dritten Person geschrieben. Bei Lukas wendet sich Jesus konkret an die Menschen und spricht sie in der Du-Form an. Er führt einen Dialog mit den Zuhörern. Und dieser Dialog soll zu einer Entscheidung führen. Daher kennt Lukas in seiner Fassung vier Seligpreisungen und vier Weherufe. Jesus ruft den Menschen zur Entscheidung auf, indem er ihm verschiedene Möglichkeiten aufzeigt.

Lukas nennt die christliche Lehre »logos«. Logos ist das Wort, das Gott in Jesus Christus zu den Menschen gesprochen hat. Logos umfasst aber auch das, was die anderen Evangelisten »euangelion«, »gute Botschaft« nennen. Lukas nennt sein Evangelium nie so, sondern er spricht von einer Erzählung. In dieser Erzählung zählt er nicht einfach Fakten auf, sondern er hat beim Schreiben eine übergreifende Idee: Er möchte erzählend das Heil und die Heilung darstellen, die in Jesus Christus damals geschehen ist und die heute an uns wirksam werden will.

Lukas ist der erste Vertreter der »narrativen Theologie«, einer »Theologie durch Erzählung«. In seiner einfühlsamen Erzählung möchte Lukas Menschen für Christus gewinnen. Seine Erzählung ist zugleich Werbeschrift und die erste frühchristliche Literatur, die es mit der Literatur seiner Zeit aufnehmen kann.

Lukas spricht von Erzählung (im Griechischen: diegesis), wenn er an sein Evangelium denkt, und von »logos«, wenn er die Botschaft vor Augen hat, die von Gott ausgegangen ist und die Jesus den Menschen verkündet hat. Aber diesen »logos« nennt er einen »logos parakleseos«, ein Wort des Trostes, ein Wort der Ermutigung. (Vgl. Apostelgeschichte 13,15) Das Wesen unseres Sprechens von Gott soll demnach das Trösten, Stärken, Ermutigen sein.

Lukas nennt das Wort Gottes »logos tes soterias«, das heißt: Wort des Heils, Wort der Rettung, der Heilung. Wir reden deshalb von Gott nur richtig, wenn unsere Worte heilende Worte sind. Aber in diesem Ausdruck steckt noch mehr. »Soteria« kann auch Bewahrung und Erhaltung des inneren Wesens bedeuten. Das Wort, das Lukas im Auftrag Jesu verkündet, ist ein Wort, das unser inneres Wesen schützt und dieses vor Verfälschung bewahrt. Es ist ein Wort, das rettet, indem es Erkenntnis schenkt. Das Wort reißt uns aus dem Zustand des Schlafes und des Unbewusstseins heraus.

Wenn wir dieses Wort Gottes auf uns hin auslegen, dann bedeutet dies: Indem wir Worte sprechen, die den Geist Jesu widerspiegeln, schützen wir den Menschen vor verfälschenden Worten und Auslegungen, die er in seiner Umgebung hört. Wir bewahren sein wahres Wesen. Das Wort Gottes entspricht seinem innersten Sein. Unsere Sprache will das Geheimnis des Menschen und seiner Seele schützen und behüten.

Lukas gebraucht neben dem Begriff »logos« häufig das griechische Wort »rema«. »Rema« ist zugleich Wort und Ereignis. Es ist ein Wort, das geschieht, das Wirklichkeit wird. Heinrich Schlier meint, »rema« bezeichne das Geschehen, »freilich im Blick darauf, dass es als Ereignis den Menschen anspricht«. (Schlier 857) »Rema« hat immer dialogischen Charakter. Gott spricht uns im Wort und im Ereignis an. Die Hirten ziehen nach der Geburt Jesu nach Bethlehem mit den Worten: »Wir wollen also nach Bethlehem gehen und dieses geschehene Wort sehen, das der Herr uns kundgemacht hat.« (Lukas 2,15, Übersetzung Grundmann)

»Rema« ist ein Wort, das Ereignis wird. Das deutsche Wort Ereignis kommt von »Eräugnis«. Es ist ein Wort, das sichtbar geworden ist und das man nun sehen kann. Das kann man geschichtlich verstehen: Das Wort, das der Engel den Hirten verkündet hat, ist Wirklichkeit geworden. Es ist ein geschichtliches Ereignis geworden.

Aber man kann dieses Wort auch psychologisch verstehen. Ein Wort bewirkt etwas im Menschen. Wenn ich jemanden kritisiere oder verletze, läuft er rot an. Wenn ich ihn ermutige, strahlt sein Gesicht. Wenn ich ihn mit Worten niedermache, wird er blass. Das jeweilige Wort wird sichtbar in der Reaktion des anderen.

Von Maria sagt Lukas: »Maria aber bewahrte alle diese Worte (remata), indem sie sie in ihrem Herzen zusammenfügte.« (2,19) Lukas verwendet hier zwei interessante Worte: »synterein« und »symballein«. Das erste Wort meint ein Zusammenschauen. Maria schaut die Worte und die Ereignisse zusammen, die geschehen sind. Sie sieht auf das, was geschehen ist, vom Wort her, das der Engel und das die Hirten zu ihr gesagt haben. Und sie fügt sie zusammen – so das zweite Wort –, sie wirft sie zusammen, um ihren tieferen und symbolischen Sinn zu verstehen. Alles, was geschehen ist, hat eine tiefere Bedeutung. Dazu braucht es das Wort, das das Geschehen deutet. Dazu braucht es aber auch das innere Auge, das tiefer sieht und die Zusammenhänge begreift.

Von der Sprache Jesu sagt Lukas, dass sie eine wärmende Sprache sei: eine Sprache, die die Herzen der Menschen berührt. Die Emmausjünger reagieren auf das Sprechen Jesu mit dem Satz: »Brannte uns nicht das Herz in der Brust, als er unterwegs mit uns redete und uns den Sinn der Schrift erschloss?« (Lukas 24,32)

Lukas gebraucht sowohl bei den Hirten als auch bei Jesus das griechische Wort »lalein«. Es meint ein persönliches Sprechen, ein Sprechen mit dem Herzen. »Lalein« ist eine lautliche Nachahmung vom Lallen des Kindes. Er ist ein Sprechen, das nicht von rationalen Überlegungen überdeckt ist, sondern das – wie das Sprechen eines Kindes – aus dem Herzen kommt und in dem das Innerste des Herzens hörbar wird. Wenn einer aus dem Herzen heraus spricht, hat er immer eine wärmende Sprache – im Gegensatz zu der kalten Sprache, die heute oft in Firmen, aber oft auch in der Kirche gesprochen wird.

Die wärmende Sprache ist für Lukas immer ein Zeichen für den Heiligen Geist, der aus uns spricht. Lukas beschreibt Pfingsten so, dass der Heilige Geist sich in Feuerzungen auf die Jünger herablässt. Er meint damit, dass der Heilige Geist die Jünger zu einer neuen Sprache befähigt, zu einer Sprache, bei der ein Funke überspringt und die die Herzen berührt. Eine solche Sprache wärmt die Herzen.

Die Jünger sprechen nun in fremden Sprachen – aber so, dass jeder der Zuhörer sie in seiner eigenen Sprache reden hört. Dies ist eine Sprache, die die Menschen verstehen, eine Sprache, die sich der Sprache der Menschen anpasst. Die Zuhörer sind erstaunt über diese Sprache: »Sie gerieten außer sich vor Staunen und sagten: Sind das nicht alles Galiläer, die hier reden? Wieso kann sie jeder von uns in seiner Muttersprache hören?« (Apostelgeschichte 2,7f)

Lukas spricht hier im griechischen Originaltext vom »Dialekt, in dem wir geboren wurden«. Die Menschen fühlen sich von den Worten der Apostel angesprochen – wie von ihrer Mutter. Sie verstehen, was die Jünger sagen. Die Worte bringen sie in Berührung mit dem Wissen ihrer eigenen Seele.

Das Geheimnis einer Sprache, die aus dem Heiligen Geist kommt, ist, dass jeder sie versteht. Manchmal sagen Menschen: »Wenn ich das Buch lese, habe ich das Gefühl, dass ich es selbst geschrieben habe. Es sind genau diese Worte, die das zum Ausdruck bringen, was ich im Herzen spüre.« Sprechen ist für Lukas immer auch ein spirituelles Tun, das aus dem Heiligen Geist in uns einströmt. Wenn wir vom Heiligen Geist getrieben sprechen, dann versteht jeder unsere Sprache.

Lukas stellt keine Theorie über die Sprache auf. Er spricht eine heilende Sprache. Und er spricht eine versöhnende Sprache. Er versöhnt in seiner Sprache Juden und Griechen, Gebildete und Ungebildete, Männer und Frauen. Seine Sprache schließt niemanden aus. Sie ist offen für alle Menschen.

Das zeigt sich darin, dass Lukas in seiner malenden Sprache den Menschen einfach darstellt, wie er ist, ohne ihn zu bewerten. Er fügt die Gegensätze zusammen. Wenn er ein Gleichnis erzählt, das von einem Mann handelt, setzt er ein Gleichnis dagegen, in dem eine Frau die Hauptrolle spielt. Wenn er von der Nächstenliebe schreibt – in der Erzählung vom barmherzigen Samariter –, kommt sofort der Gegenpol: das hörende Sitzen zu Füßen Jesu durch Maria. In seiner Beschreibung Jesu antwortet er immer wieder abwechselnd auf jüdische Vorstellungen und griechische Sehnsüchte.

Wir können von Lukas diese versöhnende Sprache lernen, die nicht ausschließt. Unsere kirchliche Sprache ist oft eine rigorose Sprache und eine ausschließende Sprache. Die Menschen, die nicht dazugehören, verstehen diese Sprache nicht. Lukas passt sich in seiner Sprache den Zuhörern an. Er greift ihre Sehnsüchte auf.

Das Gespräch spielt im Lukasevangelium eine wichtige Rolle. Die wichtigsten Einsichten in das Geheimnis Jesu, aber auch in das Geheimnis Gottes und des Menschen, geschehen im Gespräch.

Das gilt schon von der Kindheitsgeschichte. Dort gibt es die Gespräche des Engels mit Zacharias und mit Maria. Der Mann Zacharias unterbricht das Gespräch mit seinem Zweifel, während Maria sich auf das Gespräch einlässt. Die wunderbare Begegnung zwischen Maria und Elisabeth geschieht im Gespräch zwischen diesen beiden Frauen. Das Geheimnis der Geburt Jesu verdeutlicht Lukas im Gespräch der Hirten mit Maria und Joseph. Und das Geheimnis dieses Kindes wird im Gespräch des greisen Simeon und der betagten Witwe Hanna mit den Eltern offenbar.

Das Gespräch kann aber auch ein schmerzlicher Lernprozess sein. So schildert es uns Lukas in der Szene, als die Eltern nach dreitägiger Suche ihren zwölfjährigen Jesus im Tempel wiederfinden. Das Gespräch bestätigt nicht nur, es führt auch zu einer neuen Sichtweise. Aber es tut weh, die alte Sichtweise loszulassen und sich auf das zunächst unverständliche Verhalten des Sohnes einzulassen.

Maria versteht die Worte Jesu nicht, aber sie bewahrt sie trotzdem in ihrem Herzen. Im Griechischen steht hier das Wort »diaterein«, das »hindurchschauen« bedeutet: Maria schaute durch die Worte Jesu hindurch auf den Grund ihres Herzens. (Vgl. Lukas 2,51) Dort, jenseits der Worte, versteht sie das Geheimnis ihres göttlichen Sohnes. Die Worte – so werden später die frühen Mönche sagen – schließen die Türe zum wortlosen Geheimnis Gottes auf. Das deutet Lukas in diesem Wort aus.

Wir sprechen Worte zueinander, wir hören Worte vom anderen – und wir schauen durch die Worte hindurch auf den Gott, der jenseits aller Worte ist, auf die reine Stille, die auf dem Grund unserer Seele in jedem von uns ist. Wenn wir wie Maria durch die Worte – die uns oft genug auch unverständlich sind und die wir mit dem Verstand nicht völlig erfassen – hindurchschauen, so geht uns das wortlose Geheimnis Gottes und letztlich auch das wortlose Geheimnis des Menschen auf. Worte führen in die Mystik, die auch viele Worte braucht, um durch die Worte hindurch den Gott aufscheinen zu lassen, der jenseits aller Worte ist.

Im Gespräch geschieht immer wieder Heilung. Die Heilungsgeschichten übernimmt Lukas aus dem Markusevangelium. Aber er betont das Gespräch, das Jesus mit den Kranken führt. Gerade die Erzählungen, die nur bei Lukas stehen, zeichnen sich durch wunderbare Gespräche aus.

Da ist die Begegnung Jesu mit der Sünderin. Die Frau spricht ohne Worte, indem sie Jesu Füße mit ihren Tränen wäscht und mit Öl salbt. Ihre Liebe wird durch ihr Tun sichtbar. Ihr Tun löst im Gastgeber Gedanken aus. Jesus erkennt diese Gedanken und bringt sie in eine andere Richtung, indem er das Gleichnis von dem Geldverleiher erzählt, der zwei ungleiche Schuldner hatte. (Vgl. Lukas 7,41)

Jesus belehrt den Gastgeber nicht, sondern bringt ihn durch eine Frage in eine andere Richtung. Und dann erklärt Jesus das Verhalten der Frau, und er spricht über das Geheimnis der Vergebung und der Liebe. Im Gespräch wird nicht nur das Wesen der Vergebung deutlich, sondern geschieht auch die Verwandlung jener Menschen, die dabei sind. Ihre Sichtweise wandelt sich. Die Frau geht verwandelt nach Hause, und auch die Pharisäer werden innerlich so aufgebrochen, dass sie anders auf die Frau schauen.

Mit seinen Gleichnissen antwortet Jesus auf das Gerede der Menschen. So heißt es in der Einleitung zu den drei Gleichnissen vom verlorenen Schaf, von der verlorenen Drachme und vom verlorenen Sohn: »Die Pharisäer und die Schriftgelehrten empörten sich darüber und sagten: Er gibt sich mit Sündern ab und isst sogar mit ihnen.« (Lukas 15,2) Durch die Erzählung der Gleichnisse verwandelt Jesus die Sichtweise der Menschen.

Gerade in dem wunderbaren Gleichnis vom verlorenen Sohn spielt das Gespräch eine zentrale Rolle. Die Verwandlung des Sohnes beginnt in einem Selbstgespräch, das er mit seiner eigenen Seele führt. Im Selbstgespräch wird er sich seiner Situation bewusst und bekommt den Mut, aufzubrechen und zu seinem Vater zurückzukehren. Die Rückkehr wird durch die Gesten und durch die Worte beschrieben. Der Vater läuft dem Sohn entgegen, fällt ihm um den Hals und küsst ihn. Und im Gespräch wird klar, was Vergebung heißt: den Sohn mit einem schönen Gewand bekleiden, seine ursprüngliche Schönheit wieder sichtbar werden lassen. Das äußere Tun wird mit den Worten begründet: »Denn mein Sohn war tot und lebt wieder; er war verloren und ist wiedergefunden worden.« (Lukas 15,24) Im Gespräch geschieht Verwandlung. Allerdings zeigt Lukas auch, dass das Gespräch des Vaters mit dem daheim gebliebenen Sohn misslingt. Es braucht immer auch die Offenheit von beiden Seiten. Die gütigen Worte des Vaters prallen am hart gewordenen älteren Bruder ab. Lukas lässt das Gleichnis offen. Für ihn besteht trotz allem die Hoffnung, dass das Gespräch irgendwann auch den älteren Bruder verändert.

Auch die Verwandlung des reichen Zöllners Zachäus geschieht im Gespräch. Aber das Gespräch ist eingebettet in Gebärden. Zachäus tut etwas. Er klettert auf einen Maulbeerfeigenbaum, um Jesus zu sehen. Jesus schaut zu ihm empor. Das griechische Wort »anablepo« meint, dass Jesus zum Himmel aufschaut und dass er in dem Sünder Zachäus den Himmel sieht, dass er den göttlichen Glanz in ihm erblickt. Jesus spricht ihn an, ohne jeden Vorwurf: »Zachäus, komm schnell herunter! Denn ich muss heute in deinem Haus zu Gast sein.« (Lukas 19,5) Dieses Wort verwandelt den Zachäus. Weil einer ihn nicht verurteilt, sondern ihm etwas zutraut, bei ihm als Gast einkehren will, ihn bedingungslos akzeptiert, kann Zachäus sein bisheriges Verhalten aufgeben, sich durch Geld vor anderen beweisen zu müssen. Seine Umkehr wird sichtbar im Gespräch mit Jesus. Er sagt ihm, was er jetzt tun möchte. Und Jesus antwortet ihm: »Heute ist diesem Haus das Heil geschenkt worden, weil auch dieser Mann ein Sohn Abrahams ist.« (Lukas 19,9)

Ein Gespräch verwandelt den Zachäus. Und das Gespräch schafft eine Atmosphäre von Umkehr, Heilung und Freude. Damit zeigt Lukas, was ein gelungenes Gespräch zu bewirken vermag. Es verwandelt die Menschen und es eröffnet einen neuen Anfang. Es schafft Gemeinschaft. Misslungene Gespräche erzeugen dagegen Bitterkeit und Spaltung. Jesus – so wie ihn Lukas zeichnet – ist ein Meister der Gesprächskunst. Er spricht die Menschen so an, dass er den guten Kern in ihnen berührt und ihn zum Blühen bringt.

Lukas selbst spricht in seinem ganzen Evangelium so von den Menschen, dass er keinen abschreibt, dass er auch für die Gegner, für die Pharisäer und Schriftgelehrten, auch für Judas Hoffnung offen lässt. Das ist für mich ein großes Vorbild, auch in meiner Sprache nicht gegen jemanden zu reden, sondern positiv die Dinge zu sagen, die ich zu sagen habe.

Und die lukanische Sprache lädt mich ein, auch so von den Menschen von heute zu sprechen, dass ich an das Gute in ihnen glaube.

In den Siebzigerjahren haben Theologen von den Managern oft als »geldgierigen Kapitalisten« gesprochen. Wenn ich jemand mit meiner Sprache disqualifiziere, kann ich kein Gespräch mit ihm beginnen. Ein Gespräch gelingt nur, wenn ich in meiner Sprache das Gute im anderen anspreche. Dann kann sich im Gespräch das Gute auf beiden Seiten durchsetzen.

Wenn ich mich in meiner Sprache über andere erhebe, gelingt kein Gespräch, ich bewirke beim anderen vielmehr nur Widerstand. Das geht mir manchmal so, wenn mir »wiedergeborene Christen« beweisen wollen, dass ich kein wirklicher Christ sei und mich deshalb endlich zu Jesus bekehren solle. Wenn sich jemand durch seine Sprache über mich stellt, fühle ich keine Motivation, mich mit ihm auf ein Gespräch einzulassen.

Das ist für mich auch eine wichtige Anfrage an unser kirchliches Sprechen. In der Kirche stellen wir uns auch oft genug über die anderen. Wir tun so, als ob wir mit Gott vertraut seien und Gott erfahren hätten. Und wir möchten die anderen belehren. Doch das erzeugt nur Widerstand. Mit so einer Sprache erreichen wir die Menschen nicht. Wir kommen nicht ins Gespräch mit ihnen. Der Evangelist Lukas könnte uns heute einen Weg zeigen, eine Sprache zu finden, mit der wir die Herzen der Menschen erreichen und so in ein Gespräch mit ihnen eintauchen können.

Die Sprache bei Johannes

Johannes beginnt sein Evangelium mit dem berühmten Satz: »Im Anfang war das Wort (logos).« (1,1) Über diesen Satz haben die Philosophen und Dichter seit jeher nachgedacht. In diesem Satz ist nicht nur etwas über Jesus Christus und über seine Beziehung zu Gott ausgedrückt. Vielmehr vermittelt dieser Satz auch, dass im Anfang allen Seins das Wort steht. Menschliches Leben gibt es nicht ohne das Wort.

Aber Johannes meint damit mehr als einen Lehrsatz über menschliche Kommunikation. »Das Wort war bei Gott, und das Wort war Gott.« (1,1) Das Wort reicht in Gott hinein. Gott selbst spricht sich im Wort aus. Und Gott schafft durch das Wort. Alles, was ist, ist durch das Wort geworden. Und in der ganzen Schöpfung, die durch das Wort geworden ist, wird das Wort Gottes an uns erkennbar. Die Schöpfung ist durch das Wort geworden und sie ist Wort an uns, damit wir Antwort geben.

Das Wort durchwaltet die Schöpfung. Damit drückt Johannes das Geheimnis aus, dass Worte immer schöpferische Worte sind. Worte schaffen eine Welt. Das gilt nicht nur für die Schöpfung und für die Natur, in der wir Gottes Schönheit aufleuchten sehen. Es gilt auch von unserem menschlichen Sprechen. Worte schaffen eine Wirklichkeit. Sie rufen das Nichtseiende ins Dasein. (Vgl. Römerbrief 4,17)

Wenn unsere Worte dem Wort entsprechen, das Gott zu uns spricht, dann sollen auch unsere Worte Licht und Leben in die Existenz des Menschen bringen. Das Wort, das Gott zu uns spricht, ist voll von Licht und Leben. Wo wir das Wort Gottes in der Schöpfung vernehmen, da bringt es uns Licht. Es erhellt unser Dasein. Es lässt uns die Welt verstehen. Und es weckt in uns Leben. Das Wort ist voller Leben und weckt in uns das Leben auf, das in uns oft genug schlummert.

Durch das Wort ist alles geworden, so sagt Johannes. Das bedeutet aber auch, dass wir die Schöpfung verstehen können, dass eine Vernunft darin waltet. Die Schöpfung spricht zu uns. Sie ist ein Wort Gottes an uns. Aber Johannes geht noch weiter: Das Wort ist Gott.

Was Johannes in seinem Evangelium angedeutet hat, das hat die Philosophie zu entfalten gesucht. Der Altphilologe Walter F. Otto geht von den griechischen Worten »legein« und »logos« aus und meint, Denken und Sprechen seien eins. Für ihn ist die Sprache nicht einfach eine Abbildung der Dinge, um sie zu bezeichnen. Vielmehr gilt für ihn: »*Dinge* (im wahrsten Sinne des Wortes) gibt es nur in der Sprache, im sprechenden Denken oder denkenden Sprechen ... Um es noch einmal zu sagen: das, was in der Sprache sich ausspricht (oder im sprechenden Denken), ist nur in der Sprache gegenwärtig. Es ist kein Meinen, keine Rede über etwas, das richtig oder falsch sein könnte, sondern das Wesenhafte selbst, das Sein des Seienden in unmittelbarem Dasein. Die Sprache ist das Wesen und das Herz der Welt.« (Otto 176)

Das mag abstrakt klingen. Aber die Philosophie der Phänomenologie, die von der heiligen Karmelitin Edith Stein vertreten wird, unterscheidet zwischen Vorhandensein und Wirklichsein. Der Baum ist vorhanden. Aber *wirklich* wird er erst durch die Sprache, in der sich das Wesen des Baumes ausdrückt. Walter F. Otto hat etwas erahnt von dem Geheimnis der Sprache, wie sie der Prolog des Johannesevangeliums zum Ausdruck bringt. Wir sprechen nicht nur über die Dinge, das Wesen der Dinge kommt vielmehr in unserer Sprache zum Ausdruck.

Das Geheimnis der johanneischen Sprachtheologie besteht nun darin, dass dieses Wort Gottes in Jesus Fleisch angenommen hat. Es ist in einer menschlichen Gestalt sichtbar erschienen. Das Wort hat sich »eingefleischt«. Und in diesem Fleisch gewordenen Wort leuchtet Gottes Herrlichkeit unter uns auf. Das Wort Gottes glänzt durch Schönheit. In ihm leuchtet die Schönheit Gottes auf.

Schön ist das, was geschaut wird. Das Wort Gottes wird in Jesus geschaut. Und es ist voller Schönheit und voller Charme. Das griechische Wort für Gnade, »charis«, meint den Liebreiz, die innere Schönheit, die uns berührt. Und Gnade meint dann: Gottes zärtliche Zuwendung zu uns Menschen. Wenn Gott zu uns spricht, so ist es ein zärtliches Sprechen, das uns mit Gnade erfüllt. Und die Wahrheit wird im Wort sichtbar.

Wahrheit heißt für die Griechen »aletheia« und meint eine Wahrheit, die aufleuchtet. Der Schleier, der über allem liegt, wird weggezogen. Und das Eigentliche leuchtet auf. Wenn das göttliche Wort Fleisch wird, leuchtet die Wahrheit auf. Das bedeutet aber auch für unser Sprechen: Wenn wir in unseren Worten das Geheimnis Gottes berühren und wenn in unseren Worten Gottes Wort ertönt, dann wird der Schleier weggezogen, der über der Wirklichkeit liegt. Und wir erkennen die eigentliche Wirklichkeit.

Das Wort Gottes wird in Jesus Christus sichtbar und anschaubar. Bei Lukas haben wir gesehen, dass die Worte Gottes zum Ereignis und zur Geschichte werden. Lukas verwendet dabei immer »rema«. Johannes dagegen spricht von »logos«. Logos steht für das griechische Daseinsverständnis. Es ist ein »Zentralbegriff innerhalb der griechischen Philosophie, der Denken und Sein miteinander verbindet«. (Blank 76)

Für die stoische Philosophie ist der »logos« das alles ordnende Weltgesetz. Dieser Logos – das Wort Gottes, das alles schafft und ordnet – wird in einer Person sichtbar: in dem Mensch gewordenen Logos, den wir in Jesus Christus schauen dürfen. Das ist das Paradox: Das Wort, das zeitlos ist, zeigt sich geschichtlich. Und das mächtige Wort Gottes, das alles erschaffen hat, scheint im sterblichen und schwachen Fleisch auf. Und in diesem geschichtlichen Menschen leuchtet Gottes Glanz und Schönheit auf, in ihm wird die Ausstrahlung Gottes für uns Menschen leibhaft erfahrbar.

Die Schwäche und Hinfälligkeit des Fleisches steigert sich im Laufe des Johannesevangeliums: Jesus ist das hilflose Lamm, das den Angriffen der Menschen ausgesetzt ist. Und er wird am Kreuz erhöht. Das Kreuz als Zeichen äußerster Schwäche wird zugleich zum Ort der Herrlichkeit Gottes. Es ist der Ort, an dem Gottes Liebe für uns Menschen am deutlichsten aufscheint. Johannes beschreibt die Kreuzigung in Bildern. Indem wir Jesus am Kreuz anschauen, bildet sich Gottes Liebe und Gottes Schönheit in unsere Herzen ein. Und das Wort Gottes kommt bei uns an, wenn wir angesichts des Kreuzes unser Herz für Gottes Liebe aufbrechen lassen.

Jesus ist das Fleisch gewordene Wort Gottes. Wenn Jesus spricht, dann geschieht all das, was Johannes im Prolog angedeutet hat: dann bringt er Licht und Leben in unser Dasein, dann wird in seinen Worten Gottes Ausstrahlung für uns erfahrbar. Das möchte ich im folgenden Text an fünf Selbstaussagen Jesu verdeutlichen:

Ein *erstes Wort* Jesu: Jesus sagt von sich: »Wer mein Wort hört und dem glaubt, der mich gesandt hat, hat das ewige Leben ... Er ist aus dem Tod ins Leben hinübergegangen.« (Johannes 5,24) Jesus redet so mit den Menschen, dass sie jetzt schon aus dem Tod, aus dem Uneigentlichen, Erstarrten, zum Leben übergehen. Seine Worte spenden Leben. Sie wecken all das Erstarrte im Menschen zum Leben. Wer sein Wort in sich einlässt, der spürt jetzt schon etwas vom ewigen Leben, von einem Leben, in dem Zeit und Ewigkeit eins miteinander sind.

Jesu Worte sind eine Herausforderung für uns. Die Frage ist, ob unsere Worte Leben wecken. Es gibt Worte, die einen erstarren lassen, Worte, die selbst leblos sind und die Leben abwürgen. Wenn ich zu jemandem sage: »Du bist für mich eine Last, oder eine Null. Ich möchte mit dir nichts zu tun haben«, dann lassen solche Worte im anderen etwas absterben: die Hoffnung auf ein sinnvolles Leben, die Hoffnung, gesehen und angenommen zu werden. Und es gibt Worte, die uns die Augen öffnen und uns durchblicken lassen. Wenn mir jemand mit Worten die Schönheit eines Berges beschreibt, dann wird mein Herz weit. Ich erahne etwas von der Wahrheit des Berges. Dann strömt Leben in mich ein. Dann gehe ich vom Tod zum Leben über.

Das *zweite Wort*, das Jesus von seinem Sprechen sagt: »Ihr seid schon rein durch das Wort, das ich zu euch gesagt habe.« (Johannes 15,2) Jesus hat so gesprochen, dass sich die Jünger rein fühlten, dass sie im Einklang waren mit sich selbst und dass sie mit ihrer inneren Klarheit und Reinheit und Schönheit in Berührung kamen.

Das heißt aber auch, dass Jesu Sprechen rein und klar war. Unser Sprechen ist oft vermischt mit anderen Tendenzen. Wir wollen uns beispielsweise selbst besser darstellen, als wir sind. Oder in unsere Sprache mischen sich aggressive und verletzende Töne. Und oft genug ist unsere Sprache bewertend und beurteilend. Nur ein klares Sprechen, das aus dem Herzen kommt, kann das Unklare im Menschen klären.

Wir sprechen oft vorwurfsvoll und moralisierend. Doch durch eine moralisierende Sprache fühlen sich die Menschen nicht rein, sondern unrein, beschmutzt und schuldbewusst. Von Jesus können wir eine Sprache lernen, die klar und rein ist und daher auch die Menschen mit ihrer inneren Klarheit in Berührung bringt.

Das Wort will mir aber noch etwas anderes sagen: Meine Reaktion auf die Worte des anderen sagt nicht nur etwas über mich aus, sondern auch über den anderen. Ich fühle mich manchmal beim Hören eines Vortrags oder einer Predigt unwohl. Manchmal spüre ich Aggressionen. Jesus lädt mich ein, mich zu fragen, was ich da beim Vortragenden wahrnehme. Vielleicht will er mich zu sehr belehren, vielleicht will er mich manipulieren. Oder er stellt sich selbst dar. Er bläht sich auf. Oder er möchte mich in eine euphorische Stimmung bringen. All diese Nebenabsichten bewirken in mir negative Gefühle. Ich fühle mich nicht rein, sondern vom inneren Schmutz des Redenden beschmutzt.

Das *dritte Wort*: »Dies habe ich euch gesagt (lalein = aus dem Herzen sprechen), damit meine Freude in euch ist und damit eure Freude angefüllt wird (plerousthai).« (Johannes 15,11) Wenn Jesus gesprochen hat, hat er seine innere Stimmung – die Stimmung der Freude – den Zuhörern mitgeteilt. Seine Gestimmtheit hat die Jünger erfasst. Und er hat mit seinen Worten die Menschen mit der Quelle der Freude in Berührung gebracht, die auf dem Grund ihrer Seele strömt, die aber oft genug von Sorgen und Ängsten zugeschüttet ist.

Jesus belehrt die Menschen nicht, sondern bringt sie in Berührung mit der Quelle der Freude und mit der Quelle der Liebe, die in ihnen strömt, die aber oft nicht erfahrbar ist, weil sie zu einem kleinen Rinnsal geworden ist. Durch die Worte Jesu wird diese Quelle der Freude und der Liebe gleichsam angereichert, sodass sie nach oben steigt und auch das Bewusstsein des Menschen durchdringt.

Durch unsere Sprache vermitteln wir auch unsere innere Stimmung. Das geschieht natürlich vor allem durch die Stimme, aber auch durch das, was und wie wir sprechen. Es gibt Menschen, die fromme Worte sprechen, aber hinter diesen Worten hören wir Menschenverachtung oder Eitelkeit und Geltungssucht heraus. Man möchte sich mit den frommen Worten über andere stellen. Oder wir hören eine innere Zerrissenheit, Kälte oder Pessimismus heraus.

Von Jesus können wir eine Sprache lernen, mit der wir Freude und Liebe vermitteln. Doch diese Sprachschule achtet nicht nur auf die äußeren Worte. Letztlich kann nur derjenige richtig sprechen, der sich vom Geist Jesu durchdringen lässt. Dieser Geist muss unseren Leib und unsere Seele mit Liebe, Freude, Klarheit, Leben durchdringen. Dann wird er auch aus uns heraus sprechen. So ist Sprechen letztlich ein spiritueller Akt.

Das *vierte Wort*: »Die Worte, die ich zu euch sage, habe ich nicht aus mir selbst. Der Vater, der in mir bleibt, vollbringt seine Werke.« (Johannes 14,10) Jesus spricht nicht aus sich heraus, sondern er ist in seinem Sprechen für Gott durchlässig. Er spricht, was er vom Vater hört. Sein Sprechen kommt aus einem inneren Hören. Er vermischt das, was er hört, nicht mit eigenen Emotionen, sondern lässt das Wort Gottes in seiner ursprünglichen Klarheit in seinen Worten erklingen.

Was Jesus von sich sagt, das gilt auch vom Heiligen Geist, den er uns als seinen Beistand sendet. »Wenn aber jener kommt, der Geist der Wahrheit, wird er euch in die ganze Wahrheit führen. Denn er wird nicht aus sich selbst heraus reden, sondern er wird sagen, was er hört.« (Johannes 16,13) Im Griechischen steht hier immer »lalein«: Er wird ganz persönlich aus dem Herzen heraus das aussprechen, was er von Gott gehört hat.

Hier wird eine weitere Bedingung für das richtige Sprechen sichtbar. Unser Sprechen wird nur dann Frucht bringen, wenn es aus dem Hören kommt, wenn wir auf die leisen Impulse unseres Herzens hören, in denen der Heilige Geist zu uns spricht. Dann leuchtet auch in unseren Worten Wahrheit auf, dann wird auch durch unsere Worte etwas klar und erhellt sich. Die Worte führen uns in den Grund der Wirklichkeit.

Ein *fünftes und letztes Wort*: »Dies habe ich zu euch gesagt (lalein), damit ihr in mir Frieden habt.« (Johannes 16,33) Jesus spricht so zu den Jüngern, dass sie durch seine Worte in Frieden kommen:

in Frieden mit sich selbst und mit den anderen. Jesus sagt jedoch, dass sie in ihm selbst Frieden haben. Die Worte Jesu führen in sein Herz hinein. Jesus spricht davon, dass die Jünger in seinen Worten gleichsam wohnen. Und wenn sie in seinen Worten wohnen und wenn sie seine Worte in sich wohnen lassen, dann erfahren sie Frieden in Jesus.

Das ist für mich ein wichtiges Kriterium für das angemessene Sprechen. Es soll die Menschen in Frieden und in Einklang mit sich selbst bringen. Das griechische Wort für Frieden, »eirene«, kommt aus der Musik und meint: Harmonie. Die verschiedenen Töne in uns sollen gut zusammenklingen. Jesus spricht davon, dass durch seine Worte ein guter Zusammenklang nicht nur der Töne in uns selbst entsteht, sondern auch ein Zusammenklingen seines Herzens mit unseren Herzen. Echtes Sprechen führt zusammen. Bei einem gelungenen Gespräch hat man den Eindruck, dass alles zusammenklingt und in Einklang miteinander kommt.

Noch ein anderer Aspekt der Sprache kommt für mich im Johannesevangelium zum Vorschein: Das Johannesevangelium ist zu achtzig Prozent Dialog. Johannes erzählt nicht wie Lukas, sondern er lässt Jesus immer wieder mit den Juden oder mit einzelnen Personen – wie etwa mit der Frau aus Samaria oder mit Maria und Marta – einen Dialog führen.

Der Dialog mit der Samariterin führt vom konkreten Durst und von dem Wasser des Jakobsbrunnens auf einmal in das Geheimnis der inneren Quelle. Das, worüber die beiden sprechen, wird zum Symbol für das Leben spendende Wasser, für den Heiligen Geist, den Jesus den Menschen schenkt.

Hier leuchtet etwas vom Wesen jeden Gesprächs auf. Das Gespräch erläutert nicht nur äußere Dinge. Es soll nicht nur aufklären über das, was wir sehen, sondern letztlich ins Unsichtbare führen, in das, was uns im Innersten berührt, bewegt und trägt und woraus wir eigentlich leben.

In den vielen Streitgesprächen zwischen Jesus und den Juden werden letztlich unsere eigenen Zweifel angesprochen. Die Einwände gegen Jesus sind letztlich unsere eigenen Vorbehalte Jesus gegenüber. Wir tun uns genauso schwer wie die damaligen Juden, in diesem konkreten Menschen Jesus Gottes Herrlichkeit, ja den Vater selbst zu sehen.

Auf der einen Seite sind wir fasziniert von Jesus und seinen Worten. Auf der anderen Seite zweifeln wir daran, dass ausgerechnet in diesem Mann aus Nazaret Gottes Herrlichkeit erschienen sein soll. Im Gespräch sucht Jesus die Juden immer wieder für den Glauben zu gewinnen. Glauben heißt für Jesus nicht, an bestimmte Wahrheiten zu glauben, sondern in ihm, in seiner konkreten Person, Gottes Herrlichkeit zu sehen. Glauben ist Schauen: Gott schauen im Menschen Jesus, Gottes Herrlichkeit im Kreuz schauen. Das Gespräch will uns demnach dahin führen, dass wir neu zu schauen lernen, dass wir in Jesus Gottes Schönheit und Gottes Liebe schauen.

Ein typisches Stilmittel bei den Gesprächen im Johannesevangelium ist das sogenannte »johanneische Missverständnis«. Vordergründig scheinen Jesus und Nikodemus, Jesus und die Samariterin, Jesus und die Juden aneinander vorbeizureden und sich nicht zu verstehen. Doch in Wirklichkeit öffnet das Missverständnis das Gespräch auf eine andere Ebene hin. Auf einmal wird das Eigentliche sichtbar.

Nikodemus erahnt etwas vom Geheimnis Jesu und vom Geheimnis der Wiedergeburt im Heiligen Geist. Die Samariterin versteht, wer der Messias ist, und sie versteht ihr eigenes Leben und ihr eigenes Suchen nach erfülltem Leben. Und den Juden eröffnet Jesus gerade durch die Missverständnisse hindurch den Blick auf das Geheimnis Gottes, der sich in dem konkreten Menschen Jesus ausdrückt.

Wenn in unseren Gesprächen Missverständnisse auftreten, dann werfen wir dem anderen meistens vor, dass er uns falsch verstanden hat. Wir versuchen, es ihm nochmals zu erklären. Die johanneischen Dialoge wollen uns einladen, das Missverständnis, das auch in unseren Gesprächen immer wieder vorkommt, genauer anzuschauen und innezuhalten, um uns vom Missverständnis auf eine andere Ebene des Denkens führen zu lassen.

Sprechen – sagen – reden

Wir haben im Deutschen drei Worte, um den Akt des Sprechens auszudrücken:

Das *erste Wort* »sagen« meint eigentlich: zeigen. Wenn ich etwas sage, dann zeige ich den Zuhörern etwas, auf das sie selbst schauen sollen. Sagen heißt: etwas sehen lassen, etwas zeigen. Das wird im Niederländischen sichtbar. Dort heißt es »zeggen«, ein Wort, das unserem »zeigen« sehr ähnlich ist.

Sagen hat auch mit erzählen zu tun. Erzählen kommt ursprünglich von »zählen«, »aufzählen«, »zu Ende zählen«. Wir sprechen von einer Sage, einer Erzählung. Wir erzählen Geschichten, um den Menschen etwas vom Leben zu zeigen, um etwas anzusprechen, das ihr Leben erhellt. Diesem Sagen entspricht das, was die Philosophie das Benennen nennt. Wir benennen etwas mit einem Namen. Wir machen es dadurch sichtbar und abgrenzbar. Es zeigt sich uns etwas, und die Sprache benennt das, was sich uns zeigt.

Das *zweite Wort* ist »reden«. Reden heißt eigentlich: Rechenschaft ablegen, Rede und Antwort stehen, etwas begründen und rational darlegen. Es ist auch verwandt mit »raten«, mit dem sich etwas geistig zurechtlegen, überlegen oder aussinnen gemeint ist. Die Rede hat demnach mit der Vernunft zu tun. Ich versuche, mit meiner Vernunft und mit meinem Verstand etwas darzulegen, etwas zu begründen, etwas zu erklären. Dies ist ein objektives Sprechen. Jede Rede ist immer auch ein Begründen. Wir sagen von einem Menschen, dass er beredsam oder beredt ist, dass er gut reden, gut begründen kann. Und wir sprechen von einem redlichen Menschen, der mit dem übereinstimmt, was er redet.

Im Griechischen entspricht dieser Rede das Wort »logos«, im Lateinischen der Begriff »oratio«. Wir bringen mit der Rede etwas zur Darstellung. Das Wort deutet uns das, was sich uns zeigt. Und die Worte reflektieren über die Wirklichkeit. Sie geben der Wirklichkeit einen Sinn. Und dieser Sinn will verstanden werden. Der Zusammenhang der Rede, der logische Aufbau, das klare Reden, all das zielt auf Verstandenwerden. Der Philosoph Hans-Georg Gadamer hat die Sprache als Auslegung der Wirklichkeit verstanden. Und Auslegen ist für ihn immer schon Verstehen.

Das *dritte Wort* »sprechen« ist mit dem schwedischen Wort »spraka« verwandt, das »knistern«, »prasseln« meint. Es ist ein lautmalendes Wort. Es bedeutet auch: »brechen«, »bersten«, »herausbrechen«. Wenn ich spreche, bricht etwas aus mir heraus. Ich gebe meine Stimmung preis, und meine Gefühle werden hörbar. Dieses lautmalende Wort entspricht dem griechischen »lalein«, das vom Lallen des Kindes abgeleitet ist. Das Reden entspricht dem griechischen »legein«, das Sprechen dem »lalein«. Die Sprache kommt eigentlich vom Sprechen. Es meint, dass die Sprache immer lautgewordene Erfahrung, Emotion, Leidenschaft, Liebe geworden ist.

»Die Sprache tritt hervor nicht allein als Erscheinungshilfe und Bildvorstellung, sondern indem sie anhebt, aus dem Schweigen aufbricht, indem das Wort, der Satz, die Rede abbricht und ins Schweigen zurückfällt. Sprache ertönt.« (Halder 44f) Der Philosoph Alois Halder fährt fort, dieses Ertönen der Sprache zu beschreiben: »Etwas ertönt, wenn seine Gestalt und Form berührt und bis ins Innerste bewegt wird, wenn sie erzittert unter einer sanften Reibung oder einem harten Schlag.« (Ebd. 45) Die Sprache ertönt und sie fällt wieder ins Schweigen zurück. Das gehört zum Wesen der Sprache. So hat es auch Romano Guardini gesehen: »Zum Wesen alles Sprechens gehört, dass es auf das Schweigen bezogen ist ... Denn wirklich sprechen kann nur, wer schweigen kann – ebenso wie wirkliches Schweigen nur dem möglich ist, der zu reden vermag ... Ohne den Zusammenhang mit dem Schweigen wird das Wort zum Gerede; ohne den mit dem Wort wird aus dem Schweigen Stummheit.« (Guardini 15f)

Neben dem Schweigen gehört das Hören wesentlich zum Sprechen hinzu. Sprechen will gehört werden. Sprechen darf nicht ins Leere gehen: »Sprechen teilt mit und Hören nimmt teil, wie einem zumute ist unter der Berührung und Bewegung, unter dem Berührt- und Getroffen-, Gestreichelt- oder Gestoßenwerden. Sprechen und Hören sind, wenn wir darauf achten, Mitteilung und Teilnahme an der Gemütsbewegung, am Herzschlag der Menschen und der Dinge.« (Halder 45) Der Sprechende drückt seine Emotion aus und teilt sie dem Hörenden mit, damit er Anteil bekommt an seinem Gestimmtsein. Wenn Gott zu uns spricht, dann möchte er gehört werden, dann möchte er uns Anteil schenken an seinem Gestimmtsein, an seinem Geist.

Wir können sowohl das Reden wie das Sprechen mit der Vorsilbe »Ge-« verbinden. Dann sprechen wir vom »Gerede« und vom »Gespräch«. Die Vorsilbe »Ge-« drückt immer Gemeinschaft aus. Aber die deutsche Sprache unterscheidet genau.

Ein Gerede ist eher negativ gemeint. Es entsteht ein Gerede über diesen oder jenen Menschen, ein Gerücht wird in die Welt gesetzt. Oder es ist ein leeres Gerede. Man redet aneinander vorbei. Man redet irgendetwas. Das ist ein Gerede, das uns unzufrieden macht. Man redet miteinander über andere, nicht zu anderen. Gerede ist keine Ansprache, kein Dialog, sondern ein Reden über andere. Und damit verfälscht das Gerede das Wesen des Redens.

Das Gerede schafft auch Gemeinschaft, aber eine sehr enge Gemeinschaft von Pharisäern, eine Gemeinschaft, die sich zugleich über die andere erhebt, über die sie redet. Und das Gerede spaltet daher letztlich die Gemeinschaft in die Leute, die für sich beanspruchen, über die anderen richtig zu reden, und in die Ausgeschlossenen, über die geredet wird und die sich dagegen nicht wehren können.

Gespräch ist etwas ganz anderes. Vom Gespräch gibt es die wunderbaren Verse von Friedrich Hölderlin aus seinem Gedicht »Friedensfeier«:

Viel hat erfahren der Mensch.
Der Himmlischen viele genannt,
Seit ein Gespräch wir sind
Und hören können voneinander.

Wir führen nicht nur ein Gespräch. Wir sind ein Gespräch. Ein Gespräch ist etwas anderes als ein Wortwechsel, es schafft Gemeinschaft zwischen Sprechenden, nicht zwischen Redenden. Sie werden nicht nur ein Gespräch. Sie *sind* ein Gespräch.

Friedrich Hölderlin zeigt uns die Bedingungen für ein gutes Gespräch, und er zeigt uns, wie ein Gespräch aussieht.

Die *erste Bedingung* ist, dass die Menschen, die miteinander sprechen, viel erfahren haben. Sie sprechen aus eigener Erfahrung. Sie wiederholen nicht, was andere gesagt haben, sondern sie drücken das aus, was ihr Herz im Innersten erfahren, erspürt und erahnt hat.

Die *zweite Bedingung* ist, dass das Gespräch offen für die Himmlischen ist. Hölderlin meint damit offensichtlich: offen sein für Gott, für das Transzendente. Ein gutes Gespräch öffnet immer auch den Himmel über uns. Wir berühren etwas, was uns übersteigt. Dann entsteht nicht nur Gemeinschaft zwischen den Sprechenden, sondern auch mit dem, den sie in allem Sprechen mitmeinen: mit Gott.

Das sind die beiden Bedingungen für das Gelingen eines Gespräches. Zwei Bilder beschreiben nun das Gespräch.

Das *erste Bild*: Wir führen nicht nur ein Gespräch, wir sind ein Gespräch. Beide Gesprächspartner sind nicht darauf fixiert, gut miteinander zu sprechen, angemessen zu argumentieren, gut zuzuhören, sondern beide sind ein Gespräch. Sie stehen unter keinem Leistungsdruck, ein gutes Gespräch zu führen. Sie sind beide authentisch. Sie sind bei sich und zugleich beim anderen. Sie sprechen das aus, was sich in ihrem Herzen formt – ohne irgendeinen Druck, mit den Worten Eindruck machen zu wollen. Dadurch entsteht ein Gespräch. Sie werden miteinander eins. Sie erfahren die Gemeinschaft im Sprechen, weil jeder sein eigenes Herz ausspricht.

Das *zweite Bild*: Sie hören nicht nur aufeinander. Sie sind nicht nur gute Zuhörer. Sie hören vielmehr voneinander. Voneinander hören, das bedeutet für mich: Ich nehme mir etwas vom anderen. Voneinander hören heißt, teilhaben an der Herkunft des anderen: an seiner Geschichte, an seiner Erfahrung, an seiner Stimmung, an seinen Wurzeln, an seinem Herzen.

Wenn ich vom anderen höre, gelange ich an den Ausgangspunkt, von dem er ausgeht, an seinen Wurzelgrund, aus dem er lebt. Im Gespräch bekommen wir Anteil aneinander. Und so entsteht im Gespräch etwas Neues. Durch Anteilnahme entsteht Gemeinschaft, Teilhabe, ein Miteinander-Teilen. Wenn wir voneinander hören, dann gehören wir auch einander. Wir schenken dem anderen Gehör und hören so von ihm und zugleich von uns selbst. Wir nehmen voneinander und werden so beschenkt.

Hans-Georg Gadamer, Schüler von Martin Heidegger und Philosoph der Hermeneutik, der Kunst der Auslegung, meint, wir würden kein Gespräch führen, sondern in ein Gespräch hineingeraten.

»Was bei einem Gespräch ›herauskommt‹, weiß keiner vorher. Die Verständigung oder ihr Misslingen ist wie ein Geschehen, das sich an uns vollzogen hat.« (Gadamer 361) Es geht im Gespräch nicht darum, dass wir Wahrheiten austauschen, sondern dass die Wahrheit geschieht, dass die Sprache, die im Gespräch geführt wird, »etwas ›entbirgt‹ und heraustreten lässt, was fortan ist«. (Ebd. 361)

Im Gespräch geht es um Verständigung. Ich versuche zu verstehen, was der andere in seiner Sprache ausdrückt. Ich frage nach der Erfahrung, die hinter seinen Worten steht. Ich versuche, mich in diese Erfahrung hineinzuversetzen und sie zu verstehen. Zugleich frage ich mich, ob ich ähnliche Erfahrungen gemacht habe und wie ich diese Erfahrungen mit meinen Worten ausdrücken würde.

So geht es im Gespräch nie um das Rechthaben, sondern um ein Sich-Verständigen auf die Sache, die hinter den Erfahrungen steht. Diese Sache ist aber nicht etwas, das man in die Hand nehmen kann. Sie ist vielmehr immer ein Geheimnis, das sich uns zeigt und sich zugleich wieder verbirgt.

Ein Gespräch gelingt nach Hans-Georg Gadamer dann, wenn eine Horizontverschmelzung stattfindet. Ich habe einen bestimmten Horizont, unter dem ich die Welt sehe. Der andere Gesprächspartner hat einen anderen Horizont. Wir diskutieren nicht, welcher Horizont richtig ist. Vielmehr geht es um eine Verschmelzung der Horizonte. Denn unser Horizont ist immer begrenzt. Wenn die Horizonte miteinander verschmelzen, dann kommt die Sache selbst zum Ausdruck, die nie nur meine persönliche Sache, sondern letztlich unsere gemeinsame Sache ist. (Vgl. ebd. 366)

Damit ein Gespräch gelingen kann, braucht es die Offenheit, sich in den Horizont des anderen hineinzustellen und von seinem Gesichtspunkt aus auf die Sache zu schauen. Und dann geht es darum, die Sache von meinem Standort aus anzuschauen und hinter die Deutungen auf die Sache selbst zu schauen. Doch das ist nicht selbstverständlich. Oft gibt es Blockaden und Hindernisse, die uns davon abhalten, nicht nur ein gutes Gespräch zu führen, sondern ein Gespräch zu sein.

Wenn wir die Erfahrungen der deutschen Sprache mit »sagen«, »reden«, »sprechen« und mit »Gerede« und »Gespräch« beachten würden, dann würden unsere Gespräche eine andere Qualität gewinnen. Es entstünde kein Gerede, bei dem viele aneinander vorbeireden und bei dem viele irgendwelche Gründe bringen, die nebeneinanderstehen. Bei einem Gerede hört keiner auf den anderen, es ist ein Durcheinander-Reden, ein Gerede, das kein Ziel hat.

Ein Gespräch entsteht nur, wenn ich bereit bin, mit dem anderen und den anderen, mit denen ich spreche, Gemeinschaft aufzubauen, wenn ich an ihnen und ihren Erfahrungen teilhaben möchte. Wenn ich den anderen nur meine Meinung aufdrücke, dann kann da nichts entstehen. Wenn ich den anderen nur überzeugen möchte, ohne an seiner Meinung und an seiner Erfahrung interessiert zu sein, dann kann kein Gespräch entstehen.

Sprechen und Hören

Das Gespräch gelingt nur, wenn wir nicht nur gut und persönlich sprechen, sondern wenn wir auch gut zuhören. Hören gehört wesentlich zum Sprechen. Das haben wir schon weiter oben vom Philosophen Alois Halder gehört.

Der Sprechende will gehört werden. Er will die anderen teilhaben lassen an seiner Erfahrung und an seiner Stimmung. Umgekehrt gilt: Wir können nur angemessen sprechen, wenn wir zuerst hören, wenn wir auf den anderen hören, zu dem wir sprechen, und wenn wir auf die leisen Impulse in unserem eigenen Inneren hören.

Sprechen ist Ausdruck des Gehörten und dessen, was wir beim Gehörten in uns empfinden. Und Sprechen ist Antwort auf das Gehörte. Die Vorsilbe »ant-« bezieht sich auf das griechische Wort »anti« und meint: angesichts, gegenüber. Antwort heißt immer, dass ich Worte bilde im Angesicht des anderen und dass ich Worte in das Antlitz des anderen hinein spreche.

Zur Antwort gehört das Schauen. Ich schaue auf den Menschen, dem ich eine Antwort gebe und zu dem ich Worte sage, die ihn persönlich berühren sollen. Und Antwort-Geben meint, dass mir die richtigen Worte einfallen, indem ich in das Antlitz eines Menschen schaue und darin seine tiefste Sehnsucht erkenne. Meine Antwort will Worte finden, um seine Sehnsucht zu berühren und ihr eine Stillung zu verheißen.

Jesus spricht das aus, was er vom Vater hört. Bei allem, was wir sagen, sollen wir auf die Stimme des Heiligen Geistes in uns hören. Der Heilige Geist spricht in uns durch die leisen Impulse unserer

Seele. Aber genauso wichtig ist es, auf die Menschen zu hören, zu denen und mit denen wir sprechen. Wir hören dabei nicht nur Worte, sondern wir hören den Menschen, die Person, die durch die Worte »hindurchtönt« (im Lateinischen: »personare«). Wir hören seine Stimmung, seine Emotionen, seine Haltung aus seiner Stimme und aus seinen Worten heraus. Richtig hören heißt: nicht bewerten, sondern in sich aufnehmen, was der andere sagt.

Das Hören macht Begegnung möglich. Ich höre auf den Menschen. Ich höre den Menschen. Indem ich ihm zuhöre, kann ich ihn verstehen. Das Hören befreit mich aus der Vereinsamung. Aber wir hören immer schon mit unseren Vorurteilen. Daher braucht es Achtsamkeit im Hören und die Bereitschaft, wirklich den anderen zu hören und zu erhören. Karl-Heinz Kleber meint in seinem Artikel über das Hören, dass das Hören Aufmerksamkeit verlangt: »Im griechischen akouein klingt dieses Sich-mühen-Müssen, die Anstrengung noch mit.« (Kleber 636)

Es ist angenehm, mit einem Menschen zu sprechen, der gut zuhört. Dann wird das Gespräch von alleine immer tiefer und wird mehr und mehr das Herz berühren. Doch es ist höchst unangenehm, mit Menschen zu sprechen, die nicht hören. Dabei habe ich den Eindruck, dass diese Menschen weder auf sich selbst hören noch auf den Gesprächspartner. Beim Gesprächspartner hören sie nur die Stichworte heraus, auf die sie ihre langen Monologe hin starten können. Sie decken einen mit ihrem Wortschwall zu. Und sie können keine Pausen vertragen. Sie müssen immerzu reden. Sie hören offensichtlich nicht auf sich selbst. Vielleicht haben solche Menschen Angst, auf ihr Herz und auf ihre Seele zu hören. So reden sie nur Banalitäten und Allgemeinplätze. Ich bin dann bei einem solchen Menschen nicht sein Gesprächspartner, sondern nur einer, den er benutzt, um sein Redebedürfnis zu stillen. Ich spüre in ihm die Angst vor der Begegnung: mit sich selbst und mit mir. Und ich versuche, möglichst schnell diesem höchst unangenehmen Benutzt-Werden zu entgehen.

Eine Begegnung im Gespräch verwandelt. Ein Reden, das ohne Hören alles nur zudeckt, führt zur Flucht aus dem Gerede. Es lässt mich Zuflucht nehmen im Schweigen und im Alleinsein.

Die Griechen haben sich über das Hören Gedanken gemacht. Für sie war das Hören »ein affektives Ereignis«. (Mayr 1031) Laute und Töne, so meinten die alten Griechen, gelangen nicht in das Gehirn, sondern in das Zwerchfell und verursachen dort Gefühle. Hören hat vor allem mit innerem Angerührt-Werden zu tun. Der Philosoph und Naturforscher Theophrast von Eresos nennt daher den Hörsinn den emotionalsten unter allen Sinnen. Die Emotionen gehen über das Hören. Im Hören habe ich teil an den Emotionen des anderen. Und im Aufeinanderhören werden unsere Emotionen angeregt, damit sie uns in Bewegung bringen.

Wir hören nicht nur die Worte und den Inhalt, wir hören vor allem, wie etwas gesagt wird. Wir hören aus den Worten die Absicht heraus: die Nähe oder Distanz, die Liebe oder Kälte, das Verstehen oder die Verschlossenheit.

Für die Griechen war das Ideal der Philosoph, der sieht, für die Römer der Rhetor, der die Zuhörer anspricht, der mit ihnen Beziehung aufnimmt, sie in Bann schlägt und in ihnen etwas in Bewegung bringt. Sprechen und Hören ist wesentlich ein Beziehungsvorgang. Damit Kommunikation gelingt, braucht es ein gutes Hinhorchen: nicht nur ein Hören auf die Worte, sondern auch auf die Zwischentöne, auf die Absicht, auf die emotionale Befindlichkeit des Sprechenden. Viele Gespräche misslingen, weil wir nicht zuhören können und weil wir nur unsere eigenen Argumente durchsetzen wollen, ohne in den Worten des anderen das Neue herauszuhören, das uns vielleicht weiterbringen könnte.

Das Sehen will nicht aufhören, das Hören ist dagegen immer nur im Augenblick. Es »hebt an, geht fort und verklingt«. (Halder 36) Das Hören vergeht. Aber wir sind immer Hörende. »Viel leichter als die Ohren können wir die Augen schließen. Das Sehen hängt von unserer Macht viel eher ab, von unserem Wollen, von unserem Können. Hören müssen wir zumeist, ob wir wollen oder nicht.« (Ebd. 36) Wir hören etwas, selbst wenn wir die Ohren verstopfen. Dann hören wir noch Geräusche außerhalb von uns. Und wir hören uns selbst. Wir können gar nicht anders als hören. Selbst wenn wir meditieren und ganz still werden, hören wir auf die Stille, hören wir auf das, was sich in unserem Inneren zu Wort meldet.

In unserer Zeit hat Joachim-Ernst Berendt eine Lanze für das Hören gebrochen. Er meint, in einer Zeit, in der das Sehen einseitig in den Vordergrund getreten sei, wäre es wichtig, dem Hören wieder mehr Raum zu geben.

Das Sehen ist für ihn männlich, das Hören dagegen weiblich. Einseitiges Sich-Orientieren am Sehen macht aggressiv. Wir müssen das Hören wieder kultivieren, um im Hörbaren das Unhörbare zu er-hören, zu er-horchen. Martin Heidegger spricht vom »Horchsamen«. Und Denken ist für ihn »Er-hören«. Denken heißt: Vernehmen des Seins, Hören auf den Zuspruch der Sprache, in der das Sein sich zu Gehör bringt. Die Gebrüder Grimm beschreiben »die besondere Zärtlichkeit des Gehöres«. (Berendt 35)

Joachim Scharfenberg, ein evangelischer Pastoralpsychologe, macht darauf aufmerksam, dass das Gelingen eines Gesprächs oft beeinträchtigt wird, weil wir nicht richtig auf den anderen hören. Das ist oft nicht böse Absicht, sondern hängt mit den eigenen Verdrängungen zusammen. Wir hören nicht gut genug auf uns selbst. Vor allem hören wir nicht auf unser Unterbewusstes. Je weniger wir auf unser Unbewusstes hören, desto weniger wird ein wirkliches Gespräch zustande kommen. »In dem Maße, in dem jemand genötigt ist, sich von bestimmten Bereichen seines eigenen Unbewussten zu entfremden, sie also vom Bewusstsein fernzuhalten, wird er nicht in der Lage sein, diesen Bereich bei einem anderen zu verstehen und zu akzeptieren.« (Scharfenberg 48)

Das gute Hören auf mich selbst ist die Bedingung, dass ich auch auf den anderen ohne Vorurteile hören kann. Und noch eine Bedingung braucht es für das gute Gespräch: Was der andere mir sagt, ist nicht etwas völlig Fremdes. Vielmehr soll ich im Hören auf das, was der andere sagt, in Berührung kommen mit dem, was in meiner eigenen Seele zum Schwingen kommt.

Der andere gibt mir im Gespräch nicht eine Information weiter. Im echten Gespräch geschieht vielmehr »ein Sich-Erinnern an eigene Erfahrungen«, um »die Weckung der in ihm selbst noch schlummernden ungeborenen Erkenntnis«. (Ebd. 51) Dies ist die Methode der griechischen Philosophie, wie sie vor allem von Sokrates verkörpert wird. Letztlich geht es im Gespräch darum, durch das Aussprechen der eigenen Erfahrungen, Gedanken und Gefühle und im Hören auf das, was der andere sagt, mit der Weisheit meiner eigenen Seele in Berührung zu kommen. Dann gibt es im Gespräch kein Gefälle zwischen Lehrenden und Lernenden, zwischen Sprechenden und Hörenden. Beide befruchten einander und beide führen einander tiefer in die Weisheit der eigenen Seele ein.

Wie Sprechen und Hören miteinander zusammenhängen, zeigt uns Jesus, wenn er den Taubstummen heilt. In dem Taubstummen können wir uns selbst wiederfinden. Wir sind oft verstummt. Wir reden zwar viel, aber wir sprechen nicht wirklich. Wir sprechen nicht über unsere wirklichen Gefühle. Und wir sind taub. Wir haben die Ohren auf Durchzug gestellt. Wir hören und hören doch nicht. Wir hören nur, was wir wollen, und verschließen unsere Ohren, wenn Unangenehmes zur Sprache kommt.

Viele Menschen leiden heute unter Tinnitus. Auch wenn Tinnitus viele Ursachen haben kann, ist er vielleicht doch auch ein Zeichen, dass wir zu viel hören müssen, dass wir hören, was wir gar nicht wollen, dass wir Bedrohliches, Ablehnendes, Aggressives hören, das uns nicht guttut.

Jesus heilt den Taubstummen in sechs Schritten:

Der *erste Schritt*: Jesus führt ihn weg von der Menge. Es braucht einen Raum des Vertrauens, damit wir wieder lernen, zu hören und zu sprechen. Und es braucht einen geschützten Raum ohne Zuschauer, in dem zwei Menschen einander begegnen.

Der *zweite Heilungsschritt* Jesu beginnt mit dem Hören. Jesus steckt den Finger in die Ohren des Taubstummen. Er vermittelt ihm damit gleichsam: Alle, die zu dir sprechen, auch wenn sie aggressiv, ablehnend oder kritisch zu dir sprechen, möchten Beziehung zu dir aufbauen. Sie möchten von dir gehört werden. Doch indem Jesus den Finger in die Ohren steckt und somit gleichsam das Ohr verschließt, sagt er ihm: Höre auf dich selbst. Höre auf die leisen Impulse deines Herzens. Höre auf das Unbewusste, das im Traum oder in schläfrigen Momenten in deiner Seele auftaucht. Höre auf das, was unter der Oberfläche ist.

Dann berührt Jesus in einem *dritten Schritt* die Zunge des Stummen mit Speichel. Dies ist eine mütterliche Geste. Die Mutter bewertet nicht. Nur in einem Raum des Vertrauens, in dem meine Worte nicht bewertet werden, vermag ich offen zu sprechen, traue ich mich, mich sprechend zu öffnen und mitzuteilen. Sobald der andere merkt, dass ich bei dem erschrecke, was er sagt, oder dass ich es verurteile oder bewerte, wird er verstummen. Er wird über dieses Thema nicht mehr sprechen.

Jesus schaut – das ist der *vierte Schritt* – zum Himmel auf. Das ist ein Bild dafür, dass wir im Sprechen und Hören immer schon offen für die Stimme Gottes in allen Stimmen, für das Wort Gottes in allen Worten sind. Im wirklichen Hören geschieht immer schon ein Hören auf Gott, der durch diesen konkreten Menschen zu mir spricht.

Jesus seufzt *fünftens* auf. Er drückt seine Gefühle aus. Er gibt damit dem Taubstummen Mut, zu seinen eigenen Gefühlen zu stehen und sie auszudrücken.

Und dann schließt Jesus in einem *sechsten und letzten Schritt* seine Therapie mit dem Wort: »Effata – Öffne dich!« (Markus 7,34) Sprechen und Hören gelingen nur in einem Raum des Vertrauens und des Nichtbewertens. Und ich vermag nur zu sprechen, wenn ich nicht nur Worte höre, sondern die Menschen höre, die zu mir sprechen. Dann werde ich auch den Mut finden, persönlich zu sprechen und nicht einfach daherzureden. Die Worte werden dann Beziehung schaffen. Wir werden aufeinander hören und zueinander sprechen. Die Bedingung dafür ist die Offenheit für das Geheimnis des anderen und für die eigenen Gefühle und für die inneren Worte, die sich in meinem Herzen formen.

Sprache und Glauben

Einer, der wie kein anderer Dichter um die Echtheit der Sprache gerungen hat, war der jüdische Dichter Paul Celan. Gerhart Baumann, Germanistikprofessor in Freiburg, hat mit Paul Celan immer wieder über das Geheimnis der Sprache nachgedacht. Baumann sagt von diesem feinfühligen Dichter: »Nie gebrauchte er ein Wort nachlässig, in jedem vernahm er noch die Vielfalt ursprünglicher Vorstellungen. Er widersetzte sich der Vergesslichkeit der Umgangssprache und versuchte die einander ablösenden Bedeutungen eines Wortes aufzufächern.« (Baumann 34)

Paul Celan versuchte in seinen Worten »aufscheinen zu lassen, was noch nicht sichtbar, was gesehen, aber noch nicht zu erkennen ist«. (Ebd. 100) Paul Celan bezeichnete sich selbst nicht als gläubigen Menschen. Aber den Glauben an die Sprache hat er nie verloren. Für ihn war die Sprache »Offenbarung und Gewissen, Wagnis und Zuflucht, – das einzig Unverlierbare«. (Ebd. 97) Baumann sprach mit Paul Celan über den Zusammenhang von Glauben, Dichten und Denken. »Wir verfolgten, wie im einen das andere sich offenbart, wie alles aufeinander verweist, wie ein Glaube ohne Sprache ebenso sinnlos ist wie die Sprache ohne Glauben.« (Ebd. 101)

Für mich ist das eine wichtige Einsicht: Es gibt keinen Glauben ohne Sprache und keine Sprache ohne Glauben. Der Glaube drückt sich immer auch in der Sprache aus. Aber jede Sprache verrät auch den Glauben oder Unglauben des Sprechenden.

Als Petrus vom Hof des Hohenpriesters aus das Geschehen um Jesus beobachten wollte, sagten die Leute, die dort standen, zu ihm:

»Wirklich, auch du gehörst zu ihnen. Deine Sprache verrät dich ja!« (Matthäus 26,73) Im Griechischen heißt es hier: »Deine lalia, deine Art zu sprechen, macht dich offenbar, offenbart, wer du bist.« Unsere Sprache verrät uns, verrät, wer wir sind, und verrät, was wir glauben und ob wir überhaupt glauben.

Ob wir glauben, das hängt nicht von den frommen Worten ab, die wir sagen, sondern von der Art und Weise, wie wir mit Menschen, zu Menschen und über Menschen sprechen. In allem, was wir sprechen, drückt sich unser Glauben oder Unglauben aus.

Paul Celan war äußerst kritisch gegenüber einer Sprache, »die vorgibt, alles zu wissen und nichts mehr sagt«. (Ebd. 97) Fromme Worte sind oft Ausdruck von Unglauben. Sie geben vor zu wissen, was man nicht zu wissen vermag. Wir können in unseren frommen Worten nur immer das Geheimnis anklingen lassen. Und auch wenn wir über den Menschen sprechen, dann ist es nur der Versuch, den Schlüssel zu finden, um das Geheimnis dieses Menschen zu erahnen.

Mit Martin Heidegger, dem Paul Celan wegen seiner nationalsozialistischen Vergangenheit kritisch gegenüberstand, verband den Dichter doch, dass er sich »unterwegs zur Sprache« verstand. Das ist für mich ein schönes Wort: Wir alle sind unterwegs zur Sprache, zu einer angemessenen Sprache im Umgang miteinander und zu einer Sprache, die sich tastend vorwagt, das Geheimnis Gottes in Worten anklingen zu lassen. Paul Celan war leidenschaftlich auf der Suche, »Bereiche des noch Unausgesprochenen zu erschließen ... das noch Sprachlose zu Wort kommen zu lassen«. (Ebd. 112)

Es gibt eine Sprache, die den anderen verletzt, verurteilt, bewertet, ablehnt, entwertet, lächerlich macht. Eine verletzende Sprache führt dazu, dass sich die Menschen dagegen wehren und verschließen. Sie werden taub. Sie verschließen ihre Ohren. Sie wollen nicht hören, was der andere sagt. Dies ist ein Schutz, den sie gegen eine solch kränkende Sprache aufbauen.

In vielen Firmen und auch in Behörden wird oft eine kalte Sprache gesprochen. Eine kalte Sprache führt ebenfalls dazu, dass sich die Menschen verschließen. Denn niemand will sich an der Kälte des anderen erkälten. Die Kirchenväter sprechen davon, dass wir mit unserer Sprache ein Haus bauen. Und der deutsche Philosoph Martin Heidegger spricht von der Sprache als Haus des Seins. Er meint, »dass der Mensch den eigentlichen Aufenthalt seines Daseins in der Sprache hat«. (Ebd. 159)

Aber nicht nur der Mensch wohnt in der Sprache, sondern das Sein überhaupt: »Das Sein von jeglichem, was ist, wohnt im Wort. Daher gilt der Satz: Die Sprache ist das Haus des Seins.« (Ebd. 166) Martin Heidegger meint damit, dass wir mit unserer Sprache für das Sein verantwortlich sind, das uns vorgegeben ist. In der Sprache soll das Sein erfahrbar werden. Wir sollen mit unserer Sprache gleichsam ein Haus bauen, in dem das Sein so sein darf, wie es ist, ohne verfälscht zu werden.

Und wir sollen mit unseren Worten ein Haus bauen, in dem sich Menschen zu Hause fühlen und in dem sie mit ihrem wahren Wesen in Berührung kommen.

Dass diese bildhaften Beschreibungen der Sprache durch die Kirchenväter und durch Heidegger etwas Wesentliches über unser Sprechen aussagen, wird deutlich, wenn wir in unseren Alltag hineinschauen. Mit einer kalten Sprache bauen wir ein kaltes Haus. In ihm will niemand wohnen. In vielen Familien wird eine kalte Sprache oder aber eine unklare Sprache gesprochen. Es ist oft eine vieldeutige Sprache.

Psychologen sagen, dass Menschen krank werden, die in so einem unklaren Sprachfeld aufwachsen. Sie kennen sich nicht aus. Ihnen werden ständig unklare Botschaften gegeben. Die Therapeutin Virginia Satir spricht hier von doppeldeutiger Kommunikation. So eine Kommunikation, in der meine Sprache immer doppeldeutig ist und in der ich mit Worten etwas anderes aussage, als ich mit dem Herzen meine, führt dazu, dass die Kinder in so einer Familie kein Selbstwertgefühl entwickeln können.

Von der Kommunikation hängt ab, wie wir uns entwickeln und wie wir in Beziehung zu anderen Menschen treten. Satir schreibt: »In meinen Augen ist Kommunikation wie ein riesiger Regenschirm, der alles umfasst und beeinflusst, was unter menschlichen Wesen vor sich geht. Sobald ein Mensch zur Welt gekommen ist, ist Kommunikation der einzige und wichtigste Faktor, der bestimmt, welche Arten von Beziehungen er mit anderen eingeht und was er in seiner Umwelt erlebt.« (Satir 49) Das zeigt, wie entscheidend es ist, welche Sprache in einer Familie gesprochen wird.

Natürlich ist die Sprache nicht nur etwas Äußerliches, das ich schnell lernen kann – wie einen Erziehungstrick, mit dem alles gelingt. Es braucht Achtsamkeit in der Sprache und ein ständiges Lernen, damit ich auch wirklich das ausspreche, was ich meine, damit meine Sprache und mein Herz übereinstimmen. Und es kommt darauf an, dass meine Sprache Ausdruck meines Glaubens ist: meines Glaubens an Gott, an den Sinn des Lebens, meines Glaubens an meine Kinder.

Die Kinder merken sehr schnell, welche Botschaften sie durch die Eltern bekommen, ob in deren Sprache Glauben und Hoffnung und Liebe zum Ausdruck kommen oder aber Unzufriedenheit, Zerrissenheit, Hoffnungslosigkeit und Kälte. Der Glauben an Gott muss sich ausdrücken im Glauben an den Menschen. Ich kenne Christen, die sich redlich um den Glauben bemühen. Aber eigentlich sehen sie ihre Kinder pessimistisch. Ihr Glaube prägt nicht die Sprache, wie sie über ihre Kinder und mit ihren Kindern sprechen.

Ob meine Sprache Ausdruck des Glaubens oder Unglaubens ist, ist entscheidend für das Haus, das ich meiner Firma bauen möchte. Das Klima einer Firma ist von der Sprache abhängig. Wenn dort eine kalte Sprache gesprochen wird, will niemand in diesem Hause wohnen.

Es braucht in den Firmen eine Achtsamkeit für die Sprache. Ich kenne Firmen, in denen keine militärischen Ausdrücke verwendet werden dürfen. Man könnte meinen, man solle nicht so kleinlich sein. Aber solche militärischen Ausdrücke haben eine Auswirkung auf das Klima einer Firma. Denn man spricht dort aggressiv über andere oder mit Mitbewerbern. Und diese Aggressivität schleicht sich auch in den Umgang miteinander ein. Es werden dann Konkurrenten in der eigenen Firma bekämpft und aus dem Feld geschlagen. Es werden altgewachsene Strukturen vernichtet und zerstört.

Eine kränkende Sprache führt zu einem hohen Krankenstand. Wenn der Chef mit seiner Sprache andere lächerlich macht, wird keiner zu ihm Vertrauen aufbauen können. Jeder wird sich vor ihm hüten. Die Worte verraten den Chef. Sie verraten, ob er an seine Mitarbeiter glaubt oder nicht.

Aber auf eine achtsame Sprache kommt es auch in den Ordensgemeinschaften an. Der Münsterschwarzacher Novizenmeister, Br. Pascal, meinte im Vorbereitungsgespräch für dieses Buch, in manchen Gemeinschaften herrsche Sprachlosigkeit. Das führt dann dazu, dass junge Menschen in diesen Gemeinschaften mit ihrer Sprache überhaupt kein Gehör finden. Man spricht nicht die gleiche Sprache. Man spricht aneinander vorbei.

Aber so ist keine Gemeinschaft möglich. An der mangelnden Bereitschaft, achtsam miteinander zu sprechen und sich im Gespräch auf die Sprache fremder junger Menschen einzulassen, scheitert oft das Miteinander. Man findet keine Sprache füreinander. Die jungen Menschen fühlen sich nicht verstanden. Und so machen sich Enttäuschung und Frustration breit.

Ein wichtiger Weg, wie Gemeinschaft zusammenwachsen kann, ist die Sprache. Oft wird in Gemeinschaften entweder übereinander geredet oder man redet über Politik. Man regt sich über Politiker und Bischöfe und Pfarrer auf. So ein Gerede entfremdet die Mitglieder einer Gemeinschaft. Es entsteht kein ehrliches Miteinander.

In unserer Gemeinschaft in Münsterschwarzach haben wir vor Jahren unter Abt Fidelis Ruppert mühsam gelernt, miteinander zu sprechen. Und es gelingt auch heute nicht immer. Aber es ist uns bewusst, dass die Sprache einer Gemeinschaft entscheidend dafür ist, ob ein Haus entsteht, in das auch junge Mitbrüder eintreten wollen – oder ob wir ein kaltes, ein rechthaberisches, ein verurteilendes Haus haben.

Politiker und Journalisten prägen durch ihre Sprache die Stimmung in einer Gesellschaft. Durch eine verurteilende Sprache grenzen sie Menschen aus und erzeugen Abwehr gegenüber den Fremden. Politiker, die nur darauf aus sind, mit ihrer Sprache andere zu übertrumpfen, verfehlen das Wesen der Sprache. Sie sprechen ihre eigene Unfehlbarkeit und ihre Geltungssucht aus, aber nicht die Sache selbst.

Die Politiker sollten achtsam mit ihrer Sprache umgehen, damit sie die Sachen und Sachverhalte so aussprechen, wie es ihrem Wesen entspricht. Und zugleich sollte ihre Sprache eine Sprache der Hoffnung dafür sein, dass die schwierigen Verhältnisse gemeistert werden können.

Die Sprache verrät die Politiker. Daher sollten die Parteistrategen darauf achten, die Politiker ihrer Partei zu einer versöhnenden, ermutigenden, hoffnungsvollen, glaubenden Sprache zu erziehen. Manche christliche Politiker haben gar nicht gemerkt, wie ihre Sprache unchristlich geworden ist. Sie sind zwar für christliche Werte eingetreten, aber ihre Sprache ist keine Sprache des Glaubens, sondern des Unglaubens, der Verurteilung und Anklage.

Die Sensibilität von Paul Celan für eine Sprache, die nicht alles zu wissen vorgibt, sondern das Unsichtbare erscheinen lässt, ist auch eine Herausforderung für die Kirche. Die Kirche ist ja eigentlich der Ort des Glaubens. Aber wenn ich mir manche Predigten anhöre oder manche Hirtenworte auf mich wirken lasse, dann entdecke ich darin auch Unglauben. Es werden zwar fromme Worte gesprochen. Aber der Glauben oder die Hoffnung oder die Liebe drücken sich in dieser Sprache nicht aus.

Viele Prediger sprechen zwar davon, dass die Leute mehr glauben und intensiver lieben sollten. Aber ihre Worte drücken keinen Glauben und keine Liebe aus. Sie sind eher Beschwörung dessen, was nicht vorhanden ist und was in der Sprache nicht spürbar wird.

Wenn ein Prediger zuerst die schlechte Welt schildert, um dann den Glauben als die Lösung anzupreisen, so kann ich darin oft keinen Glauben erkennen. Die Sprache verrät vielmehr, dass er eigentlich über das Schlechte im eigenen Herzen spricht, ohne es zu merken. Er weckt in den Zuhörern keinen Glauben. Sie hören eher die Resignation und die Hoffnungslosigkeit aus seinen Worten heraus.

Die schnelle Antwort, die dann aus dem Glauben angeboten wird, wirkt meistens nicht überzeugend. Daher ist es für mich wichtig, ehrlich nach einer Sprache zu suchen, die unseren Glauben so ausdrückt, dass er als Glauben bei den Hörenden ankommt. Die Hörer spüren sehr schnell, ob der Prediger an das glaubt, was er sagt, und ob seine Worte überhaupt Glauben vermitteln. Häufig wollen die Worte der Prediger Eindruck machen, entweder durch eine besonders geformte Sprache oder indem sie moralisieren und dadurch bei den Zuhörern ein schlechtes Gewissen hervorrufen. Doch das ist dann nicht eine Sprache des Glaubens, sondern des Unglaubens. Ich muss moralisieren, weil ich nicht an die Menschen glaube, zu denen ich spreche.

Martin Heidegger hat in seinen manchmal schwer verständlichen Aufsätzen über die Sprache für mich etwas zum Ausdruck gebracht, das für das Sprechen über den Glauben und für die Sprache des Predigers bedeutsam ist. Bei der Deutung eines Gedichtes spricht er davon, dass das Benennen oder Heißen eines Dinges immer Einladen bedeutet. »Es lädt die Dinge ein, dass sie als Dinge die Menschen angehen.« (Heidegger 22) Es kommt darauf an, über das, was ich wahrnehme, so zu sprechen, dass es die Menschen angeht.

Und Heidegger meint, in der Sprache ereignet sich etwas. »Das so Ereignete, das Menschenwesen, ist durch die Sprache in sein Eigenes gebracht.« (Ebd. 30) Wenn die Predigt dem Wesen der Sprache gerecht wird, geschieht in ihr etwas. Das, was unsichtbar und unbegreiflich ist, ereignet sich für den Menschen. Und indem es sich ereignet, kommt der Mensch in sein Eigenes, in sein Wesen. Diesem Anspruch werden wir wohl nie ganz gerecht. Aber eine Ahnung davon zu haben, dass unsere Worte Wirklichkeit schaffen, dass sie das Unbegreifliche dem Menschen nahe bringen, würde uns vielleicht dazu bewegen, achtsam zu sprechen.

Eine andere Frage ist, wie wir auch in der Öffentlichkeit über unseren Glauben sprechen. Welche Sprache finden wir, um authentisch über unseren Glauben zu sprechen und so zu sprechen, dass unsere Gesprächspartner uns verstehen? Für mich sind hier zwei Dinge wichtig:

Als *erste Aufgabe* muss ich auf meine eigene Sehnsucht hören. Wonach sehne ich mich zutiefst? Wie kann ich im Glauben eine Antwort auf meine Sehnsucht finden? Und ich soll dann auch auf die Sehnsucht der Menschen hören. Hat der Mensch, zu dem ich spreche, die gleiche Sehnsucht wie ich? Oder sehnt er sich nach ganz anderen Dingen? Und was ist das letzte Ziel seiner Sehnsucht?

Ich muss erst auf mich und auf den anderen hören, um eine Sprache zu finden, die meinen Glauben für mich selbst angemessen formuliert und die ihn dann dem anderen nahe bringen kann. Für mich ist das ein ständiges ehrliches Ringen, bei dem ich nie zu Ende komme. Ich werde immer »unterwegs zur Sprache« bleiben und nie ganz ankommen.

Die *zweite Aufgabe* ist, für mich eine Sprache zu finden, die ich selbst verstehe. Wie kann ich das, was ich glaube, so ausdrücken, dass ich es verstehe? Doch bevor ich es ausdrücken kann, muss ich es für mich selbst verstanden haben. In meinem Innern geschieht die Suche nach Verstehen. Und diese Suche ist in mir schon sprachlich. Ich spreche mit meiner eigenen Seele und versuche, im inneren Zwiegespräch mit meiner Seele die Worte zu finden, die mich innerlich befriedigen, die mir eine Antwort auf meine tiefsten Fragen geben.

Es ist durchaus eine Hilfe, dieses innere Zwiegespräch auch einmal laut zu führen, mir zumindest laut eine Antwort zu geben. Indem ich meine eigenen Worte höre, spüre ich, ob sie für mich stimmen oder ob sie floskelhaft und nachgesprochen sind. Indem ich Worte suche, die meinem innersten Suchen entsprechen und ihm antworten, wird mir mein eigener Glaube verständlich und ich kann dazu stehen.

Nur wenn ich den Glauben selbst verstehe und dazu stehe, vermag ich die Sprache zu finden, meinen Glauben mit anderen zu kommunizieren. Dabei soll es keine missionarische Sprache sein, die andere von meinem Glauben überzeugen oder sie zu meiner Sichtweise überreden will. Vielmehr hat die Sprache des Glaubens immer mit Zeugnisgeben zu tun. Ich gebe Zeugnis von dem, was mir wichtig ist und was mich trägt.

Zeugnis ablegen heißt im Griechischen »martyrein«. Dies meint einmal, dass ich mich vor Gericht an die Tatsachen erinnere und sie bezeuge. Es gilt aber auch für den Philosophen, der das bezeugt, wovon er überzeugt ist.

Eine schöne Beschreibung dieses Bezeugens unseres Glaubens steht im Ersten Petrusbrief: »Seid stets bereit, jedem Rede und Antwort zu stehen, der nach der Hoffnung fragt, die euch erfüllt, aber antwortet bescheiden und ehrfürchtig, denn ihr habt ein reines Gewissen.« (3,15f) Die Situation, die Petrus hier vor Augen hat, ist das Befragen der Christen durch ihre heidnischen Nachbarn »nach dem Grund für ihr verändertes, abweichendes Verhalten und ›Tun des Guten‹«. (Brox 160) Dies ist eine Situation, die heute immer noch aktuell ist. Aber das bedeutet auch, dass wir nicht von uns aus unseren Glauben propagieren sollen, sondern erst einmal durch unser christliches Verhalten auf unseren Glauben und unsere Hoffnung aufmerksam machen sollen. Dann fordert uns die Frage der Mitmenschen auf, uns selbst und den anderen gegenüber Rechenschaft über unseren Glauben und unsere Hoffnung abzulegen. Was ist wirklich der Grund, dass ich im Frieden bin mit mir selbst und mit den anderen, dass ich die Menschen zu lieben vermag und in meinem Handeln nicht nur an meinen Vorteil denke?

Es braucht dann eine Sprache, die das zu erklären vermag. Doch diese Sprache soll konziliant sein und nicht aggressiv. Der griechische Ausdruck »meta praytetos kai phobou syneidesin echontes agathen« (Erster Petrusbrief 3,16) meint: »in milder und respektvoller Art, mit gutem Gewissen«. (Übersetzung: Brox 156) Wir sprechen dann richtig über unseren Glauben, wenn dabei etwas von der Hoffnung spürbar wird, die wir in uns tragen.

Die Sprache – so sagt uns der Erste Petrusbrief – legt das Leben aus. Sie bringt das zur Sprache, was in unserem Verhalten und in unserer Ausstrahlung sichtbar ist. Und die Sprache soll milde, sanft, bescheiden sein. Sie soll nicht verurteilen, sich nicht über andere stellen. Und sie soll immer Respekt vor dem anderen ausdrücken. Wenn ich den anderen belehren möchte, verlasse ich meinen Respekt. Ich stelle mich über ihn.

Und die Sprache muss Ausdruck eines guten Gewissens sein. Das bedeutet zum einen, dass sie authentisch sein muss, dass in meinem Sprechen sichtbar wird, dass ich das, was ich sage, auch tue oder zumindest zu verwirklichen suche. Und es bedeutet zum anderen, dass ich aus meinem inneren Wissen und aus dem Herzen heraus spreche und nicht aus dem Kopf heraus.

Nicht rein rationale Begründungen für den Glauben sind gefragt, sondern eine Sprache, die aus dem Herzen kommt. Die Menschen spüren genau, ob wir als Christen in der Gesellschaft diese milde, respektvolle und aus dem Herzen kommende Sprache sprechen oder ob wir uns hinter religiösen Floskeln verstecken oder sogar moralisierend oder drohend über unseren Glauben sprechen – in dem Sinn: »Wer nicht glaubt, der kann gar nicht richtig leben.«

Manchmal höre ich aus solchen Begründungen heraus, dass der jeweilige Sprecher selbst nicht richtig leben kann. Er braucht seinen Glauben als Begründung für den Mangel, an dem er selbst leidet. Unser Sprechen soll aber aus einem Glauben heraus kommen, der durch unsere Ausstrahlung und unser Handeln sichtbar wird.

Die religiöse Sprache

Jede Sprache verrät Glauben oder Unglauben. Es gibt aber auch die spezifisch religiöse Sprache.

Romano Guardini hat sich in einem Vortrag vor der Bayerischen Akademie im Jahre 1959 mit dem Wesen der religiösen Sprache auseinandergesetzt. Religiöse Sprache heißt nicht – wie viele es auf den ersten Blick sehen würden – fromme Worte zu machen, die Worte der Bibel zu wiederholen oder den Katechismus aufzusagen. Die Frage ist, was macht eine Sprache wirklich religiös?

Romano Guardini unterscheidet zwischen echtem und unechtem religiösen Sprechen. »Echt ist es, wenn der Redende von eigener Erfahrung her spricht – oder doch so, dass er die eines Anderen Anteil nehmend mitvollzieht. Unecht ist es, wenn der Redende religiöse Wörter zu gesellschaftlichen, ästhetischen, politischen Zwecken handhabt.« (Guardini 15)

Religiös ist für Guardini nur eine Sprache, die aus dem Inneren kommt. Guardini bezieht sich auf den Religionswissenschaftler Rudolf Otto. Für ihn machen wir eine religiöse Erfahrung an weltlichen Dingen. Aber an diesen weltlichen Dingen berührt uns etwas, was Rudolf Otto das Heilige oder Numinose nennt. Romano Guardini nennt es das Geheimnis.

Ein Problem ist dazu da, gelöst zu werden. Das Geheimnis ist dagegen dazu da, »dass das religiöse Selbst in ihm atme«. (Ebd. 20) Wenn wir zum Sternenhimmel aufschauen oder in eine durchsonnte Waldlichtung treten, dann begegnet uns darin das Geheimnis oder die religiöse Wirklichkeit. Wir können sie nicht objektiv betrachten. Sie geht uns an. Sie vermittelt uns den entscheidenden Sinn für unser Leben.

Die religiöse Sprache bringt die religiöse Erfahrung zum Ausdruck. Aber sie benutzt dazu Worte, die aus der Welt stammen: »Sie wird dem Hörenden zuerst etwas Welthaftes, unmittelbar Bekanntes zeigen; ihn aber darauf aufmerksam machen, dass sie dieses Welthafte als Ausdruck eines Nicht-Welthaft-Anderen, Eigentlichen meint, und ihn veranlassen, dass er es auf dieses hin überschreite.« (Ebd. 22)

Das ist für mich eine wichtige Einsicht: Die religiöse Sprache ist die Kunst, über die Erfahrungen mit Menschen, mit der Natur, mit geschichtlichen Ereignissen so zu sprechen, dass dem Hörenden etwas vom Geheimnis seines Lebens, vom geheimnisvollen Wirken Gottes aufgeht.

Romano Guardini bezieht sich in seinem Vortrag über die religiöse Sprache nicht auf die Sprache der Liturgie, sondern vor allem auch auf die Sprache der Dichter und Mystiker. Die religiöse Sprache ist für ihn eine Sprache in Bildern. Wenn der Neuplatoniker und antike Philosoph Plotin Gott als die eigentliche Quelle bezeichnet, dann versteht jeder, der das Frische und Strömende einer Quelle erfahren hat, etwas von dieser religiösen Aussage. Ihm geht etwas vom Geheimnis Gottes auf. Das Religiöse kommt in der Gegenüberstellung von Bildern zum Ausdruck. So zitiert Guardini ein mittelalterliches Dreifaltigkeitslied, das im Umkreis von Meister Eckhart entstanden ist:

Der Weg dich trägt
In eine Wüste wunderbar.
Geh ohne Weg
Den schmalen Steg.

Hier werden lauter Gegensätze gewählt. Der Weg geht durch die weglose Wüste. Und wir sollen ohne Weg den schmalen Steg gehen. Diese paradoxen Bilder öffnen unseren Geist für das Göttliche, das jenseits aller Gegensätze ist.

Die religiöse Sprache ist für Romano Guardini eine verwandelnde Sprache. Diese verwandelnde Sprache begegnet uns vor allem in der Dichtung. Guardini zitiert eine Stelle aus den »Dämonen« von Dostojewski, in der Kirilloff von einem Blatt sagt: »Ein Blatt ist gut. Alles ist gut.« (Ebd. 30)

Für Guardini scheint hier der Gedanke der Verklärung durch, der in der russischen Spiritualität so zentral ist: »Einst werde die ganze Schöpfung vom Pneuma erfasst und in Heiligkeit und Schönheit verwandelt sein.« (Ebd. 31) Das Entzücken, das Kirilloff an diesem einen Blatt empfindet, wird »zu einem Durchblick ins Numinose«.

Eine ähnliche Kunst erkennt Guardini bei Rainer Maria Rilke. Guardini spricht in seiner Analyse von Rilkes siebter Duineser Elegie »vom Übermaß der irdischen Dinge, welches das Herz überwältigt«. (Ebd. 31) Auch hier sind es irdische Dinge, die uns das Geheimnis Gottes erahnen lassen.

Die religiöse Sprache wagt immer den Überschritt in das Offene hinein: vom Lärm in die Stille, vom Raum in das Überräumliche, vom Äußeren ins Innere. Das ist die Kunst der religiösen Sprache. Sie hat nichts mit religiöser Gefühlsduselei zu tun. Die Kunst der religiösen Sprache besteht vielmehr darin, dass sie richtig und angemessen über das spricht, was ihr in der Welt begegnet. Aber sie soll so über das Welthafte sprechen, dass etwas Anderes – das Numinose, das Geheimnis – darin aufscheint.

Das ist ein Anspruch, den wohl kaum ein Prediger oder ein religiöser Schriftsteller zur Gänze erfüllen wird. Die Dichter haben diese Kunst beherrscht. Aber etwas von der Qualität echter Dichtung sollte auch in unserer religiösen Sprache aufscheinen. Sonst wird unsere religiöse Sprache eine Ghettosprache, die nur diejenigen Menschen verstehen, die sich in diesem Ghetto eingerichtet haben.

Romano Guardini meint, die religiöse Sprache solle alle Menschen berühren, weil in allen Menschen eine Ahnung vom Heiligen und vom Numinosen da sei. Durch eine rein religiöse Sprache, die sich nur auf religiöse Worte ohne Weltbezug stützt, berühren wir die Menschen nicht. Sie geht an ihnen vorbei, weil sie sich und ihre Welt darin nicht wiederfinden. Religiöse Sprache ist aber nicht nur weltliches Erzählen, sondern die Kunst, das Weltliche zu öffnen in den Raum des Überweltlichen und Numinosen. Es ist die Kunst, den Himmel über dem Irdischen zu öffnen, in dem wir Tag für Tag leben.

Die Körpersprache

Bevor jemand mit seiner Zunge zu sprechen beginnt, spricht er schon mit seinem Körper. Unser Körper spricht immer. Wenn ich manchmal im Zug fahre, beobachte ich gerne die Menschen am Bahnsteig. Wie jemand dasteht, wie jemand geht, wie jemand auf der Bank sitzt – all das sagt schon etwas über ihn aus. Wir verraten uns durch unseren Körper. Da steht der eine unsicher und offenbart seine Unsicherheit. Der andere zeigt seine eigene Formlosigkeit: Er sitzt auf der Bank wie ein Fragezeichen, ohne jede Form. Mit so einem formlosen Menschen möchte ich lieber nicht in Kontakt treten. Der andere ruht in sich selbst. Er ist in seiner Mitte und lädt allein durch seine Körpersprache andere ein, mit ihm in Kontakt zu treten. Jemand geht mit hochgezogenen Schultern. Er offenbart die Angst, die ihn treibt und ihn zwingt, sich an sich selbst festzuhalten. Manche gehen zielbewusst und kraftvoll ihren Weg, andere kraftlos und lustlos und orientierungslos. Sie lassen sich eher treiben. Ich höre keine Worte. Aber ich verstehe die Sprache, die jeder spricht.

Wenn wir mit jemandem ein Gespräch führen, dann reden wir gleichzeitig mit unserer Zunge und mit unserem Leib. Und oft stimmen beide Sprachen nicht überein. Da sagen wir dem anderen, dass wir für seine Probleme ganz Ohr sind. Aber unsere verschränkten Arme zeigen, dass wir uns von ihm abwenden und uns vor ihm verschließen. Oder wir drehen unseren Körper von ihm weg und vermitteln ihm, dass er uns eigentlich gar nicht interessiert. Oder wir spielen mit irgendeinem Gegenstand herum und zeigen so, wie wenig wir uns auf den anderen einlassen.

Der Gesprächspartner sieht nicht nur an unserer Körperhaltung und an den Gesten unserer Hände, wie wir zu ihm stehen, sondern vor allem auch in unserer Mimik. Wenn er in ein verschlossenes Gesicht schaut, dann weiß er beispielsweise, dass wir ihn nur als Klienten, aber nicht als diesen konkreten Menschen sehen. Wenn er in ein ständig lächelndes Gesicht schaut, ist er auch verunsichert und wird sich fragen, ob das wohl echt sei. In unserer Mimik spürt er, wie wir auf seine Worte reagieren – ob unsere Mimik aus dem Herzen kommt, ob wir wirklich erschrecken und betroffen sind oder es nur mit Worten vortäuschen. An unserer Mimik erkennt er auch, ob wir ihn innerlich annehmen oder ob wir das, was er erzählt, ablehnen und verurteilen – und ob wir ihn so selbst ablehnen und bewerten.

Wenn ich einem Vortrag zuhöre, dann höre ich nicht nur auf die Worte, sondern ich schaue auch auf die Gebärdensprache. Ich schaue, wie jemand steht, ob er in sich ruht oder ob er ständig hin und her trippelt, ob er einfach da ist oder ob er ständig etwas bewirken möchte. Ich spüre an seinem Stehen und an seinen Gebärden, ob er für etwas Größeres durchlässig ist oder ob er sich selbst darstellen und in den Mittelpunkt stellen möchte.

Dann schaue ich auch auf die Hände. Entsprechen die Gebärden dem, was er sagt? Oder wirken sie für mich künstlich? Habe ich das Gefühl, er hat da etwas einstudiert, um Eindruck zu machen? Sind die Gebärden authentisch?

Manchmal verrät jemand auch durch eine Gebärde seine innere Haltung. Er verrät seine autoritäre innere Haltung durch Gebärden wie den ausgestreckten Finger. Oder er verrät seine belehrende Haltung, indem er wie der Lehrer mit dem Finger immer wieder darauf hinweist. Mögen seine Worte auch sanft sein: Manchmal zeigen aggressive Gebärden – wie die geballte Faust oder kantige Bewegungen – die verdrängte Aggression des Redners.

Manche Sportler oder Wirtschaftler oder Politiker haben sich selbst durch eine unangemessene Körpersprache geschadet. Berühmt ist das »Victory-Zeichen«, das der frühere Chef der Deutschen Bank, Josef Ackermann, bei einem Prozess mit seinen gespreizten Fingern den Reportern gezeigt hat. Er hat sich zu dieser Gebärde von einem Reporter drängen lassen. Er wollte dessen Erwartung nach einem eindrucksvollen Bild erfüllen. Aber es war ihm nicht bewusst, welch negative Reaktion er dadurch in der Öffentlichkeit hervorruft. Er musste schmerzlich lernen, wie wichtig es ist, darauf zu achten, wie wir mit unserem Körper zu den Menschen sprechen.

Nicht nur unbedachte Worte, sondern auch unbedachte Gesten können großes Unheil anrichten. Wichtig ist, dass wir das ausdrücken, was in uns ist, und dass wir uns nicht von anderen in etwas hineindrängen lassen, was für uns nicht stimmt.

Wenn unsere Sprache aus dem Herzen kommt, dann drückt sich das sowohl in der Stimme als auch in den Gebärden aus. Wir sprechen ja immer mit dem ganzen Leib. Wir Deutsche meinen, das sei typisch italienisch. Aber jeder Redner unterstreicht seine Worte mit Gebärden und mit Mimik.

Manchmal widerspricht die Mimik den Aussagen des Vortragenden – darauf habe ich eben schon hingewiesen. Der amerikanische Psychologe Albert Mehrabian hat die Bedeutung non-verbaler Elemente in der Kommunikation genauer untersucht. Er spricht davon, dass nur sieben Prozent der Wirkung dem sprachlichen Inhalt zukomme, dagegen 38 Prozent dem verbalen Ausdruck (also der Stimme und dem Tonfall) und 55 Prozent dem körperlichen Ausdruck.

Man mag diese Aufteilung übertrieben finden. Man kann sie durchaus kritisieren, denn so leicht lässt sich die Wirkung nicht aufteilen. Aber eines wird aus solchen Untersuchungen deutlich: Zu einem authentischen Reden gehört, dass der inhaltliche und sprachliche Ausdruck (Wortwahl, Satzaufbau), der stimmliche Ausdruck und der körperliche Ausdruck in der Mimik und in den Gebärden übereinstimmen.

In der Liturgie werden dem Priester bestimmte Gebärden vorgegeben. Aber auch dort spürt man, ob die Gebärden stimmen oder nicht, ob sie angelernt sind oder aus dem Herzen kommen. Und oft drückt die Gebärdensprache des Priesters nur seine eigene Zerstreutheit, seine innere Zerrissenheit und seinen Mangel an Spiritualität aus.

Die Menschen beobachten den Priester genau. Sie sehen schon beim Einzug, ob er sich in den Dienst Gottes stellt oder ob er sich selbst darstellt, ob er ein heiliges Spiel spielt oder sein eigenes Theaterstück. Es geht nicht darum, die Gebärden rein äußerlich richtig zu üben. Vielmehr geht es um das Achten auf die eigene innere Haltung, die sich dann auch im Leib ausdrücken möchte.

Die Sprache in der Liturgie

Viele Menschen können heute mit der liturgischen Sprache nichts anfangen. Die Orationen und Präfationen sind für viele unverständlich. Manche Priester versuchen dann, die Gebete persönlich umzuformulieren. Aber das Ergebnis ist auch nicht besser. Es wird dann oft eine banale Sprache verwendet, die dem Gottesdienst nicht entspricht. Und die Liturgie wird manchmal zerredet, wenn man meint, alles kommentieren und erklären zu müssen.

Die klassischen Gebete haben eine angenehme Kürze, während selbst formulierte Gebete oft an kein Ende kommen. Da wird dann oft so verständlich von Gott geredet, dass das Geheimnis des unbegreiflichen Gottes verloren geht. Diese Sprache weiß zu viel.

Es kommt auch darauf an, wie die vorgeformten Gebete gesprochen werden, ob man spürt, dass der Vortragende davon überzeugt ist und dass sie Ausdruck seiner Erfahrung sind. Und es kommt darauf an, wie die persönlichen Worte in der Einleitung und in der Predigt den Weg zu den Herzen der Menschen finden.

Die liturgische Sprache ist an bestimmte Körperhaltungen gebunden. Der Priester breitet die Hände zum Gebet aus oder er erhebt die Hände. Schon die Handhaltung gibt seinen Worten ein eigenes Gepräge und eine eigene Kraft. Doch oft sagt der Körper etwas anderes aus als die Worte. Der Priester könnte vom Schauspieler etwas lernen, bei dem Gestik und Sprache zusammenklingen und übereinstimmen.

Die Teilnehmer am Gottesdienst hören die Worte der Liturgie nie ohne Vorerfahrungen – oder auch Vorurteile. Manche Worte rühren alte Lebenserfahrungen an. In der Liturgie ist beispielsweise oft von Opfer oder von Sünde und Schuld die Rede. Bei Menschen, denen man in ihrer Kindheit ständig ihre Schuld vorgeworfen hat, rufen diese Worte Widerstand hervor. Sie wollen nicht immer nur als Sünder erscheinen. Opfer erinnert sie sofort an das Sühnopfer und es werden Gedanken wach wie: »Bin ich so schlecht, dass Jesus einen so grausamen Tod sterben musste, um meine Sünden zu sühnen?«

Für mich sind diese Worte Bilder, die ein Fenster öffnen für das Geheimnis des Todes Jesu. Aber ich verbinde damit kein blutiges Sühnopfer, sondern den Aspekt von Liebe und Hingabe. Die Rede vom Opfer ist nur ein Bild, mit dem ich das Geheimnis des Kreuzes ausdrücke. Viel wichtiger sind dagegen andere Bilder: Das Kreuz ist Vollendung der Liebe. Am Kreuz umarmt Jesus uns mit unseren Gegensätzen. Das Johannesevangelium bringt das Bild des Kreuzes mit dem Bild der ehernen Schlange in Verbindung. Das Kreuz ist demnach ein Bild für die Heilung unserer Wunden.

Wir sollen kein Bild aus der Bibel entfernen. Aber es ist unsere Aufgabe, den Reichtum an Bildern den Menschen vor Augen zu stellen, damit sie die Fixierung auf das Bild aufgeben können, das für sie bedrohlich ist.

Es ist nicht so leicht, die alten verletzenden Vorstellungen aus den Köpfen der Menschen zu vertreiben. Manche Priester versuchen dann, die liturgischen Gebete zu entschärfen. Aber auf diese Weise entsteht oft Banalität und Kraftlosigkeit. Es wäre die Aufgabe des Liturgen, mit seiner eigenen Sprache eine Atmosphäre des Heiligen und der barmherzigen Gnade zu schaffen. In dieser Atmosphäre bekommen auch die Worte von Sünde und Schuld ihre Berechtigung. Sie wirken dann nicht mehr anklagend, sondern befreiend. Sie sprechen eine Wirklichkeit an, die es ja bei uns auch gibt: dass wir an uns vorbeileben und dass wir Schuldgefühle haben. Der Hinweis darauf wäre dann nicht belastend, sondern entlastend. Aber es wäre gut, diese Worte auch in der Predigt zu deuten. Dann könnten alte Lebensmuster angesprochen und aufgelöst werden.

Die Liturgie lebt von Ritualen. Diese Rituale sind mit Worten verbunden, die sie deuten. Manchmal vermögen die vorgesehenen Worte allein die Rituale nicht so zu deuten, dass die Menschen sie verstehen. Daher ist es unsere Aufgabe, die alten Rituale so zu deuten, dass die Menschen sie verstehen und dass sie spüren: Es sind heilende Rituale, Rituale, die mir guttun, die mir einen neuen Horizont eröffnen und die mich mit der heilenden und befreienden Kraft Jesu Christi in Berührung bringen.

Ohne Deutung werden die Rituale zu leeren Ritualen. Wenn ich bei Kursen bewusst mit den Teilnehmern Eucharistie feiere und manche Rituale – wie das Kreuzzeichen, das Erheben der Hostienschale und des Kelches – erkläre, dann ist das für die Menschen wie eine Offenbarung. Auf einmal geht ihnen auf, dass es bei diesen Ritualen um ihre eigene Verwandlung und Heilung geht.

Es gibt immer beide Wege: einfach nur die vorformulierten Gebete und Texte authentisch vorzutragen oder aber in Einzelfällen gerade bei bestimmten Ritualen eigene Worte zu formulieren. Ich möchte das an einem Beispiel erklären. Wenn ich eine Trauung habe, spreche ich mit den Brautleuten immer den Ritus und seine Bedeutung durch. Bei der Frage nach der Bereitschaft zu einer christlichen Ehe kann ich mich auf die vorgegebenen Formulierungen beschränken. Ich kann das Brautpaar aber auch einladen, in persönlichen Worten vor der Gemeinde zu erklären, warum sie hier in dieser Kirche stehen, um vor Gott einander das Jawort zu geben.

Wenn ich den Brautleuten die Aufgabe stelle, darüber nachzudenken und persönlich zu formulieren, was sie von der kirchlichen Trauung und vom Segen Gottes erwarten, dann ist das für beide eine Herausforderung, sich über ihren Weg, ihren Glauben und über eine christliche Ehe Gedanken zu machen. Sie sollen diese Gedanken dann auch schriftlich formulieren. Sie brauchen sie nicht vorzulesen. Aber das Schreiben bringt sie zur Klarheit, was ihnen wirklich wichtig ist. Und sie werden merken, dass es gar nicht so einfach ist, in Worten auszudrücken, was sie miteinander verbindet und was sie von Gottes Segen erwarten.

Ähnlich ist es mit dem Vermählungsspruch. Sie können einen der drei vorgesehenen Vermählungssprüche verwenden. Wenn sie diesen dann mit voller Überzeugung nachsprechen, hat der Ritus eine große Kraft. Ich frage die Brautleute aber auch, ob sie diesen Vermählungsspruch selbst formulieren wollen. Auch dann wäre es sinnvoll, ihn schriftlich zu formulieren. Oft überlegen die Brautleute dann. Sie spüren, dass auch der vorgeformte Spruch seine Kraft hat. Aber wenn sie sich nun für ihn entscheiden, dann ist es zugleich ihr Wort und nicht mehr ein fremdes Wort.

Wenn sie dagegen versuchen, selbst einen Vermählungsspruch zu formulieren, löst das auch einen gemeinsamen Prozess des Nachdenkens aus. Und sie werden spüren, dass es nicht so einfach ist, mit eigenen Worten das zum Ausdruck zu bringen, was der Vermählungsspruch möchte. Wenn wir im Traugespräch offen darüber sprechen, dann wächst auch ein Sinn für das Vorgeformte. Die Worte bekommen dann eine neue Kraft. Manchen Brautleuten gelingt es, in sehr persönlichen Worten das auszudrücken, was sie dem anderen versprechen möchten. Dabei dürfen diese Worte nicht beliebig sein, sondern sie sollen das bedingungslose Ja zum anderen allen Teilnehmern des Traugottesdienstes erfahrbar machen.

Als ich vor vierzig Jahren einmal in Taizé war, war ich von den Bibeltexten sehr berührt, die als Lesung vorgetragen wurden. Ich spürte bei jedem Wort, dass da das Wort Gottes verkündet wurde. Wenn ich in manchen Kirchen hier Lesungen höre, habe ich manchmal den Eindruck, dass der Vorleser mit dem Text kämpft, um ihn einigermaßen gut vorzutragen. Aber dies ist dann keine Verkündigung. So wird Gottes Wort nicht hörbar. Es geht auch hier nicht nur um Lesetechnik, sondern auch um das Berührtsein vom Wort

Gottes. Wenn ich von ihm angesprochen werde, werde ich es auch angemessen vortragen.

Die katholischen Bischöfe betonen in letzter Zeit immer wieder den Vorrang der Eucharistiefeier vor Wortgottesfeiern. Natürlich ist die Eucharistie der Höhepunkt der Liturgie. In ihr feiern wir Tod und Auferstehung Jesu Christi, Zeichen, dass alles in uns verwandelt werden kann: Erstarrung in Lebendigkeit, Dunkelheit in Licht, das Liegen im Grab zu einem kraftvollen Aufstehen und das Scheitern in einen Neuanfang hinein. Doch wir brauchen neben dem Höhepunkt auch andere Formen der Liturgie.

Der Wortgottesdienst lebt auf der einen Seite von der Kraft des göttlichen Wortes. Und wenn die Kirche vom »Sakrament des Wortes« spricht, dann wäre das gerade im Wortgottesdienst zu erfahren. Die Worte der Schrift sind heilige Worte, die uns berühren wollen. Aber es braucht eben Achtsamkeit und Betroffenheit, um die Worte so auszusprechen, dass die Menschen davon berührt werden.

Auf der anderen Seite lebt der Wortgottesdienst von Ritualen. Er könnte der Ort neuer Rituale sein, die die Menschen miteinander vollziehen. Rituale schaffen Gemeinschaft. Rituale sind der Ort, an dem Gefühle ausgedrückt werden können, die sonst nie zum Vorschein kommen würden. Rituale – so sagen die alten Griechen – schaffen einen heiligen Ort und eine heilige Zeit. Und für die Griechen vermag nur das Heilige zu heilen. Die Rituale im Wortgottesdienst könnten die heilende Kraft Jesu Christi zu den Menschen von heute bringen.

Seit ein paar Jahren feiern wir in Münsterschwarzach zu den wichtigsten Übergängen des Jahres Segensgottesdienste: den einen um den 2. Februar herum, den Bußgottesdienst vor dem Palmsonntag, weitere Gottesdienste um den 24. Juni und um den 2. November, jeweils am Mittwochabend. Der Segensgottesdienst lebt vom Wort, vom Ritual und von der Musik. Musiker begleiten den Gottesdienst durch meditative Musik, die die Worte tiefer in das Herz eindringen lassen.

Ich möchte nur ein paar Beispiele erzählen. Am 2. Februar teilte ich den Teilnehmern kleine Kerzen aus. Wir zündeten sie in der dunklen Kirche an, um das Licht erst in die dunklen Bereiche unseres Lebens hineinleuchten zu lassen. Dann machten wir uns auf den Weg und zogen in einer schweigenden Prozession durch die Kirche, während ein Mitbruder unsere Schritte mit der Geige begleitete. Bei einem Gottesdienst hatte ich das Gleichnis von der verlorenen Drachme als Bild für die Prozession erklärt: Wir suchen in uns das verlorene Selbst, die verlorene Mitte, die verlorenen Ideale, die verlorene Begeisterung, den verlorenen Glauben, die verlorene Liebe.

Bei einem anderen Segnungsgottesdienst zu diesem Fest nahm ich als Bild das Lied »Maria durch ein Dornwald ging« auf, das der Mitbruder auf der Geige immer wieder anklingen ließ. Wir gingen mit dem Licht Jesu Christi durch den Dornwald unseres Alltags. Der Dornwald ist nach einem Wort Jesu ein Bild für die Sorgen, die uns oft im Alltag ersticken. Aber er steht auch für die Verletzungen, die uns stechen, für die Kränkungen unserer Lebensgeschichte, aber auch für die vielen Sticheleien, die wir täglich abbekommen. Solche Rituale bringen die Botschaft des Festes Mariä Lichtmess in die Herzen der Menschen. Die Botschaft wird erfahrbar.

Zum 2. November habe ich das Thema »Unsere eigenen Wurzeln entdecken« ausgesucht. Die Heiligen und die Verstorbenen, die wir selbst gekannt haben, gerade auch unsere eigenen Verwandten und Vorfahren, sind unsere Wurzeln, aus denen wir leben. Wir haben im Gottesdienst stehend den Baum meditiert, der wir selbst sind. Unser Baum hat tiefe Wurzeln, und er entfaltet eine Krone nach oben. Wir sind Menschen der Erde und des Himmels. Unsere Wurzeln, das sind unsere Vorfahren, ihre Lebenskraft und ihre Glaubenskraft. Durch Rituale haben wir Anteil an ihrer Lebenskraft und Glaubenskraft.

Im Segnungsgottesdienst haben wir unsere Hände zur Schale geöffnet und meditiert, was sich in unsere Hände eingegraben hat. Dort hat sich unsere Lebensgeschichte eingegraben. Gott hat uns Fähigkeiten in die Hände gelegt. In unsere Hände hat sich aber auch die Geschichte unserer Vorfahren eingegraben. Dann haben wir die Hände zum Gebet erhoben, zur uralten Segensgebärde. Die frühen Mönche deuten diese Gebärde nicht nur als Segensgebärde, sondern erinnern uns daran, dass unsere Finger in den Himmel reichen.

Wenn wir in dieser Gebärde langsam das Vaterunser beten, können wir uns vorstellen, dass wir es gemeinsam mit unseren Verstorbenen beten. Wir erinnern uns daran, was unsere Eltern und Großeltern mit den einzelnen Worten verbunden haben, wie sie mit diesen Worten ihr Leben – durch alle Krisen hindurch – bewältigt haben. Und wir stellen uns vor, dass wir jetzt gemeinsam mit ihnen diese Worte beten. Wir beten sie als Suchende, als Zweifelnde, als Glaubende – unsere Verstorbenen beten sie jetzt als Schauende im Himmel. So verbindet uns dieses Gebet mit den Verstorbenen. Es öffnet uns den Himmel über unserem Leben. Wir haben teil an den Wurzeln unserer Vorfahren. Das gibt unserem Leben Kraft und Halt.

Die liturgische Sprache ist eine altehrwürdige Sprache. Sie braucht auch heute Pflege und Überarbeitung. Aber es wäre schade, wenn wir jede Formulierung, die durch die Jahrhunderte gewachsen ist und die in ihrer Bildhaftigkeit die Herzen der Menschen berührt hat, weglassen, weil sich irgendjemand daran stört. Wichtiger wäre, die Sprache der Liturgie so weiterzusprechen, dass sie in ihrer Bildhaftigkeit erfahrbar wird und dass sie eine Einladung wird – wie Martin Heidegger sagt – das, was ist, auch in unseren Herzen anwesend sein zu lassen.

Pastoraltheologen und Liturgiker machen sich Gedanken, wie wir die alten liturgischen Texte heute angemessen in die Muttersprache übersetzen können, damit die Menschen sie auch verstehen. Entscheidend ist – so sagt etwa Karl Schlemmer in seinem Artikel in der Zeitschrift »Anzeiger für die Seelsorge« in der Juni-Nummer 2012 –, dass die Menschen die liturgische Sprache verstehen. Dazu ist es wichtig, dass die Worte aus dem Herzen gesprochen werden: »Einfache und bescheidene Sprache und Inhalte, die heutige Christen bewegen, sind für das Gelingen aller gottesdienstlichen Sprechakte unerlässlich.« (Schlemmer 13)

Doch seit einigen Jahren wird gerade von Rom her verlangt, die lateinischen Texte möglichst wortnah zu übersetzen, ohne Rücksicht auf die Verständlichkeit. Das ist schon von der Sprachwissenschaft her ein Unsinn. Denn jede Sprache hat ihre eigene Denkweise. Und die Übersetzung darf nie nur wörtlich geschehen, sondern muss so erfolgen, dass in die neue Sprache und ihren inneren Duktus hinein übersetzt wird.

Der Würzburger Liturgiewissenschaftler Martin Stuflesser meint, beim Einhalten der römischen Vorgaben zu Übersetzungen entstünden keine Neuübersetzungen, sondern »Neologismen, neu geschaffene Lehnworte, die ihre Herkunft aus dem Lateinischen nicht verbergen können (und wollen). Ob eine solche Treue zur lateinischen Vorlage wirklich dem Verständnis des übersetzten Textes dienlich ist, darf indes angezweifelt werden.« (Stuflesser 21) Übersetzen ist eine hohe Kunst. Etwas möglichst wörtlich zu übersetzen, entspricht nicht dieser Kunst. Denn es geht immer auch um Übersetzung in einen anderen Sprachraum und in ein anderes Sprachempfinden.

Nicht nur die Sprache der liturgischen Texte braucht eine hohe Sensibilität, sondern auch die Sprache des Predigers. Der Chefredakteur von »Christ in der Gegenwart« Johannes Röser kritisiert, dass manche Prediger immer mehr »die oft peinlich plappernde, triumphalistische religiöse Floskelsprache« sprechen. (Zit. n. Schlemmer 14)

Wenn ich mir eine Predigt anhöre, höre ich immer aufmerksam auf die Sprache. Stimmt die Sprache oder besteht sie nur aus Worthülsen? Ist sie nur angelesen oder kommt sie aus dem Herzen? Ist sie anbiedernd oder ist es eine typische Theologensprache? Ist der Sprechende mit seiner Sprache in Berührung mit den Menschen? Antwortet er auf ihre Fragen oder entwickelt er eine Sprache, die in sich zwar stimmig ist, aber niemanden berührt?

Pierre Stutz gibt in seinem Beitrag zu oben genannter Ausgabe des »Anzeigers für die Seelsorge« einige Anregungen zum Thema der neuen Sprache in der Liturgie. Er zeigt, wie der Prediger immer wieder neue Worte für das Unsagbare findet, »für das Ereignen der Liebe Gottes mitten im Auf und Ab unseres Lebens«. (Stutz 15) Dabei geht es nicht nur darum, dass wir eine neue Sprache finden, sondern dass wir uns im schweigenden Hören »von neuen Worten finden lassen«. (Ebd. 17)

Dazu ist es nötig, dass wir uns genügend Zeit für die Stille nehmen, dass wir uns in der Stille »entworten«, damit unser Reden nicht zu einem »Wort-Durchfall« führt, wie der emeritierte Wiener Pastoraltheologe Paul Michael Zulehner »das inflationäre Vorkommen von Worten in unseren Liturgien« nennt.

Der Religionspädagoge Hubertus Halbfas spricht von einem »Leerlauf der Glaubenssprache«, und er plädiert dafür, dass wir Selbst- und Gotteserfahrung nicht mehr voneinander trennen. Von Gott sprechen heißt immer auch vom Menschen sprechen und umgekehrt. Es käme darauf an, dass wir so vom Menschen und seinem Leben sprechen, dass Gott darin sichtbar wird. Das war ja die Kunst Jesu, der in seinen Gleichnissen vom Menschen und seinem Alltag – in der Landwirtschaft, im Finanzwesen, im Handel, im Miteinander – erzählt hat und mitten im Erzählen in den Zuhörern eine Öffnung für das unbegreifliche Geheimnis Gottes hervorgerufen hat.

Zur Liturgie gehört der Gesang. Ich habe hier nicht nur die Lieder im Blick, die zwischen den Texten und Ritualen gesungen werden. Ich meine etwas Wesentlicheres. Die Worte, die die Liturgie aus der Heiligen Schrift für den Introitus, das Graduale, Alleluja,

Offertorium und Communio ausgesucht hat, wurden im Gregorianischen Choral gesungen. Dabei diente der Gesang ganz und gar dem Wort. Das Singen wollte die Worte Gottes so hörbar machen, dass sie das menschliche Herz berühren und dass sie ihre heilende Wirkung im Singenden und Hörenden entfalten können.

Sprache und Gesang gehören zusammen. Das hat Martin Heidegger immer wieder betont. Er sagt: »Dichtung ist Gesang.« (Heidegger 182) Heidegger zitiert die Hymne der Friedensfeier von Hölderlin in einer anderen Fassung:

Viel hat von Morgen an,
Seit ein Gespräch wir sind und hören voneinander,
Erfahren der Mensch; bald sind aber Gesang (wir).

Und er interpretiert diesen Vers so: »Die ›voneinander hören‹ – die einen und die anderen – sind die Menschen und die Götter. Der Gesang ist die Feier der Ankunft der Götter – in welcher Ankunft alles still wird. Der Gesang ist nicht der Gegensatz zum Gespräch, sondern die innigste Verwandtschaft mit ihm; denn auch der Gesang ist Sprache.« (Ebd. 182)

Was das konkret bedeutet, ist mir aufgegangen, als unser früherer Münsterschwarzacher Kantor Godehard Joppich bei den Jugendkursen, die ich lange geleitet habe, während der Kartage jeweils eine Singstunde hielt – oder besser gesagt: in den Gesang der Liturgie einführte. Godehard hatte eine wunderbare Art und Weise, den Jugendlichen das Geheimnis der gregorianischen Gesänge – seien sie nun in deutscher oder lateinischer Sprache – nahe zu bringen.

Er ließ die Jugendlichen ganz langsam und bewusst die Antiphon immer wieder sprechen, die wir am Schluss der Karfreitagsliturgie singen: »Also hat Gott die Welt geliebt, dass er seinen einzigen Sohn dahingab; damit alle, die an ihn glauben, nicht verloren gehen, sondern das ewige Leben haben.« (Johannes 3,16) Und dann sagte er: »Wenn man diese Worte verstanden hat und die Sprache des Johannes nachempfindet, dann kann man diese Wort nur so singen.« Und dann sang er diese Worte. Und wir hatten den Eindruck: Ja, man kann diese Worte gar nicht anders singen. Die Melodie stimmt genau, sie bringt die Worte zum Klingen. Jetzt wird die Liebe Gottes erfahrbar, die Hingabe spürbar. Da muss man gar nicht glauben. Der Glaube geschieht einfach im Singen. Und das ewige Leben ist einfach da. Im Singen ist es schon in uns.

Was Godehard hier auf meisterhafte Weise den jungen Menschen vermittelt hat, das sollte für jeden liturgischen Gesang gelten. Er sollte die Worte der Liturgie, die Worte der Schrift, so hörbar werden lassen, dass sie ihre heilende Wirkung im Herzen der Sänger und Hörer entfalten.

Sprache und Schreiben

In unserer eingangs genannten Gesprächsrunde erzählte die Buchhändlerin von ihren Erfahrungen mit Büchern: Manche Bücher seien ihr zu platt. Sie kämen zu schnell mit ihren Ratschlägen. Die Ratschläge kämen noch dazu von außen. Und sie vermittelten, dass das Leben ganz leicht sei. Man brauche nur die Ratschläge zu befolgen, dann gelinge alles. Auch wenn die Sprache solcher Bücher oft leicht daherkomme, habe sie doch etwas Autoritäres an sich. Deren Verfasser wisse genau, wie Leben geht. Und er suggeriert dem Leser, dass er ihm bedingungslos zu folgen habe. Nur dann könne sein Leben gelingen.

Solche Bücher haben keine Sprache, die der ehrlichen Suche Paul Celans gerecht wird. Solche Bücher sind nach Celans Worten vielmehr ein Missbrauch der Sprache, eine Käuflichkeit mit gefährlichen Bestechungsversuchen. (Vgl. Baumann 97) Sie verheißen in der Sprache etwas, was nicht eingelöst werden kann. Ihre Sprache weiß zu viel. Sie lässt keinen Freiraum mehr. Bei allen Erklärungen muss immer auch noch das Unerklärliche Raum haben. Paul Celan – so sagt Gerhart Baumann – teilte die Überzeugung von Rudolf Kassner: »Eine Geschichte ist so lange wahr, als man sie nicht zu erklären versucht.« (Ebd. 17) Von Paul Celan könnten wir gerade im Hinblick auf allzu besserwisserische Ratgeberbücher lernen, »das Verräterische in der Sprache zu vernehmen, in aufdringlichen Beteuerungen der Wahrheit das Unaufrichtige zu entdecken«. (Ebd. 19)

Dass die Sprache sich nie damit begnügen sollte, einfach nur die Dinge zu beschreiben, sondern das Hintergründige und Geheimnisvolle der Dinge zum Leuchten zu bringen, hat vor allem der österreichische Schriftsteller Peter Handke immer wieder betont. Den deutschen Realisten wie Günter Grass und dem Starkritiker Marcel Reich-Ranicki wirft er ihr naives Realismus- und Natürlichkeitsgetue vor. Er nannte das auf einer Tagung der Gruppe 47 im Jahre 1966 »Beschreibungs-Impotenz«. Damit machte er sich natürlich die beiden zu Feinden.

Günter Grass wirft Handke seine Innerlichkeit und seine mimosenhafte Sprachempfindlichkeit vor. Aber dieser Vorwurf zeigt nur, dass Peter Handke mit seinem Wort von der »Beschreibungs-Impotenz« ins Schwarze getroffen hatte. Sprache will nicht nur realistisch beschreiben, sondern das Eigentliche der Dinge anrühren und erfahrbar werden lassen. (Vgl. Höller 42–46) Sie will das Geheimnis, das in den Dingen steckt, zur Sprache bringen.

Bücher, die die Buchhändlerin aus unserer Gesprächsrunde gerne liest, tauchen sie in eine innere Welt, in die Welt ihrer eigenen Seele ein. Sie entdeckt so in der Sprache der Bücher die Sprache der eigenen Seele, die ihr oft nicht bewusst ist. Sie hat den Eindruck, dass das Buch das ausdrückt, was sie schon lange selbst spürte, wofür sie aber noch keine Worte gefunden hatte. Wenn dies geschieht, liest sie ein für sie stimmiges Buch.

Aber es gibt auch die Erfahrung, dass manche Bücher sie zunächst gar nicht ansprechen. Doch ein paar Jahre später nimmt sie das Buch in die Hand. Und auf einmal berührt es sie. Es antwortet auf jene Fragen, die sie gerade bewegen. Ob ein Buch uns anspricht oder nicht, hängt oft von unserer lebensgeschichtlichen Situation ab. Es gibt Bücher, die uns zur rechten Zeit in die Hand fallen. Und es gibt Bücher, die uns gerade nichts sagen, weil wir in einer anderen Situation sind.

Wenn ich heute Bücher lese, die ich vor einigen Jahren einmal gelesen habe, entdecke ich ganz andere Seiten in ihnen. Manchmal meine ich, ich hätte das Buch noch nie gelesen oder ich hätte es anders gelesen. Heute sprechen mich andere Worte an als vor zwanzig Jahren.

Der Liedermacher in unserer Gesprächsrunde zitierte ein Wort aus einer Tagung über moderne geistliche Lieder: »Manche Lieder wissen zu viel.« Sie haben eine abgeschlossene Sprache. Und oft ist ihre Sprache platt. Sie reden so von Gott, als wüssten sie über ihn genau Bescheid. So wird das Geheimnis des unbegreiflichen Gottes banalisiert. Eine solche platte Sprache drückt auch die Unebenheiten des Glaubens platt.

Ich selbst habe lange Jugendarbeit gemacht. Damals haben wir bei den Kursen die modernen Jugendlieder gerne gesungen. Dabei habe ich den Unterschied gespürt. Manche Lieder waren irgendwann einmal passé. Man konnte sie nicht mehr singen. Sie haben sich selbst abgenutzt. Und manchmal war ihre Sprache sehr moralisierend und vereinfachend. Doch die Lieder, die von einer bildhaften Sprache geprägt waren, konnte man immer wieder singen. Solche Lieder hatten eine offene Sprache, die dem Sänger den Freiraum ließ, seine eigenen Bilder in die Sprachbilder des Liedes hineinzulegen und die Bilder auf sich wirken zu lassen.

Peter Handke sagte einmal in einem Interview, für ihn sei das Schreiben: mit Worten den Schlüssel finden für das Unbekannte, für das Geheimnis.

Dieses Bild hat mich angesprochen. Ja, ich versuche auch beim Schreiben einen Schlüssel zu finden, um das Geheimnis Gottes und das Geheimnis des Menschen zu entschlüsseln und es so zu beschreiben, dass ich es verstehe. Aber ich spüre, dass ich mit dem Schreiben nie an ein Ende komme. Es ist immer ein neuer Versuch, das ins Wort zu bringen, was ich in der Tiefe meiner Seele denke und wonach ich mich sehne. Dieses Ins-Wort-Bringen ist für mich ein Prozess der inneren Klärung.

Aber bei Peter Handke gibt es noch ein anderes schönes Bild für sein Schreiben. Indem Handke über einen Ort schreibt, macht er ihn betretbar: »Man erlebt ein Beheimaten, oder man fühlt sich beheimatet.« (Handke 32)

Aber zugleich ist es die Aufgabe des Schreibens, das Schweigen in eine Form zu fassen und so das Schweigen zu erhalten: »Indem man schweigt, erhält man das Schweigen nicht. Aber indem man die Stille und das Schweigen und die Leere in eine Form fasst, erhält man die Stille und die Leere und das Schweigen. Das ist ja das Paradox. Es gibt eine Literatur, die zerstört das Schweigen ... Aber es gibt ganz wenige Werke – und die sind für mich halt die, die zählen, und die immer zählen werden –, die das Schweigen verstärken; die das Schweigen nicht konservieren, aber weitergeben (das ist genau das richtige Wort).« (Handke 114)

Für Hilde Domin war das Schreiben ihr Weg zum Leben. Als es ihr im Exil in der Dominikanischen Republik nicht gut ging, war das Schreiben in ihrer Muttersprache für sie der Weg, ihre Krise zu überwinden. Die Theologin Stephanie Lehr-Rosenberg schreibt über dieses Schreiben als Überwindung der Krise: »Als Hilde Domin zu schreiben begann, befand sie sich in einer äußersten Krise, am Rande des Selbstmords. Das Schreiben von Gedichten war nicht vorgesehen. Dieses Ereignis war so einschneidend, dass sie es als eine neue Geburt beschreibt. Das Schreiben wird ›Alternative zum Selbstmord‹. Indem das Widerfahrene benannt wird, vollzieht sich Befreiung und damit der Ausblick auf Zukunft.« (Lehr-Rosenberg 175)

Noch ein Aspekt ist mir beim Schreiben wichtig. Wer schreibt, setzt damit Wirklichkeit. Und die Sprache, in der jemand schreibt, bewirkt etwas in den Menschen. Hilde Domin kritisiert die heutigen Sprachempfehlungen, die das Schöpferische der Sprache einengen möchten. Wenn aber die Sprache nicht mehr schöpferisch sein darf, dann wird auch das Denken immer angepasster. Sie schreibt: »Alles Lebendige ist heute ohnehin gefährdet, nicht durch Untersondern durch Übernormierung. Man meint zu stutzen, und man wird gestutzt. Auch die Sprache.« (Domin 368)

Hilde Domin zitiert dann Jean Paul: »Im Dichter kommt die Menschheit zur Besinnung und zur Sprache. Darum weckt er sie wieder leicht in andern auf.« (Ebd. 368) Wer schreibt, hat demnach eine Verantwortung für die Sprache seiner Leser und Leserinnen. Und damit prägt er auch die Sprache der Gesellschaft.

Hilde Domin beklagt, dass die Sprache in einem dauernden Abschleifungsprozess begriffen ist. Doch »durch die Dichter wird Sprache geschärft und immer neu zum Ergreifen der Wirklichkeit befähigt, zum immer neuen Selbstverständnis des Menschen in der sich wandelnden Wirklichkeit«. (Ebd. 372)

Ich bin mir bewusst, dass ich durch mein Schreiben auch Verantwortung für die Menschen und für die Gesellschaft übernehme. Durch meine Sprache bringe ich die Menschen entweder mit ihrer Weisheit in Berührung: Ich baue ein Haus, in dem sie sich zu Hause fühlen. Oder aber ich verführe sie durch meine Sprache und vermittle ihnen den Eindruck, dass sie jetzt über alles Bescheid wissen, dass sie sich selbst und Gott genau kennen. Ich kann Menschen durch meine Sprache aufhetzen, über andere zu urteilen. Oder aber ich kann sie einladen, eine Sprache zu finden, um die eigene Wirklichkeit auszusprechen und dann auch angemessen vom Menschen und zum Menschen zu sprechen.

Was das letzte Ziel des Schreibens ist, sagt uns der Schluss des Johannesevangeliums. Johannes hebt zweimal zum Schluss an. Das 20. Kapitel beschließt Johannes mit den Worten: Diese Zeichen »sind aufgeschrieben, damit ihr glaubt, dass Jesus der Messias ist, der Sohn Gottes, und damit ihr durch den Glauben das Leben habt in seinem Namen«. (20,31)

Das Ziel des Schreibens ist, dass die Leser und Leserinnen glauben. Johannes will so über Jesus schreiben, dass die Leser in ihm den Sohn Gottes erkennen und so Leben in sich spüren. Wenn wir dieses Wort auf uns beziehen, könnten wir es übersetzen: Das Ziel des Schreibens ist, dass wir an die eigene innere Quelle und an den göttlichen Kern in uns glauben und dass wir mit dem Leben in Berührung kommen, das in uns ist und das auf dem Grund unserer Seele in uns strömt.

Das 21. Kapitel schließt Johannes mit den Worten: »Es gibt aber noch vieles andere, was Jesus getan hat. Wenn man alles aufschreiben wollte, so könnte, wie ich glaube, die ganze Welt die Bücher nicht fassen, die man schreiben müsste.« (21,25) Wir können noch so viele Bücher schreiben, wie wir wollen. Wir werden nie ganz das Geheimnis Jesu entschlüsseln und ebenso wenig das Geheimnis unserer eigenen Menschwerdung.

Der Kirchenvater Gregor von Nyssa deutet diesen Vers so: »Da Gott alle Dinge in Weisheit erschaffen hat und da es für seine Weisheit keine Grenze gibt, kann die Welt, die durch ihre eigenen Grenzen gebunden ist, das Ausmaß unbegrenzter Weisheit nicht in sich aufnehmen.« (Zit. n. Sanford 2, 213) Gott ist die wahre Weisheit – und die ist unbegrenzt. Diese unbegrenzte Wahrheit können wir durch noch so viele Bücher nicht fassen. Wir können immer nur an diese Weisheit Gottes rühren.

Jedes Buch – auch das vorliegende – ist nur ein Versuch, etwas von der Weisheit Gottes für uns spürbar werden zu lassen. Die Weisheit Gottes möge uns in Berührung bringen mit der Weisheit unserer Seele. Im Grund unserer Seele wissen wir genau, was gut für uns ist. Das Schreiben will uns das, was wir unbewusst in unserer Seele wissen, bewusst machen.

Schreiben ist eine Suchbewegung: Ich suche den Schlüssel zum Sein. Ich probiere Worte aus, ob sie das ausdrücken, was meine Seele spürt und ahnt. Und Schreiben ist ein Klärungsprozess. Ich weiß am Anfang noch nicht, was ich schreibe. Aber indem ich mich hinsetze und probiere, formen sich die Worte. Oft bin ich dann nicht zufrieden mit dem, was ich schreibe. Aber dann lasse ich es liegen und warte, bis neue Ideen kommen und mein Geist etwas klarer sieht.

Ich setze mich nicht hin und schreibe das, was ich im Kopf habe. Ich suche vielmehr im Schreiben nach den Worten, die meiner tiefsten Sehnsucht Ausdruck verleihen.

Das Reden über andere – öffentliche Sprache

Die frühen Mönche warnen uns, über andere Menschen zu reden. Denn sobald wir über andere reden, sind wir in Gefahr, über sie zu urteilen und sie zu richten. Und vor diesem Richten hat uns schon Jesus gewarnt: »Richtet nicht, damit ihr nicht gerichtet werdet!« (Matthäus 7,1)

Im Richten über andere werden wir blind für die eigenen Fehler. Der Psychoanalytiker Carl Gustav Jung meint, wir würden unsere Schattenseiten auf den anderen projizieren. Damit würden wir uns zwar etwas entlasten, könnten aber kein Änderungspotenzial entwickeln. Wir werden vielmehr blind für unsere Schattenseiten und agieren sie so auf destruktive Weise aus. Jesus hat diese Schattenseiten mit einem Balken verglichen: »Warum siehst du den Splitter im Auge deines Bruders, aber den Balken in deinem Auge bemerkst du nicht?« (Matthäus 7,3) Für Jung geht es darum, die Schattenseiten in sich selbst anzuschauen und sich mit ihnen auszusöhnen. Dann kann auch von uns eine versöhnende Sprache ausgehen.

Wer nicht mit sich versöhnt ist, wird seine innere Zerrissenheit immer auch in seiner Sprache zum Ausdruck bringen. Und manchmal wird er dann um sich herum einen Flächenbrand von Spaltung, Verurteilung und Ablehnung entfachen. Davor warnt schon Jakobus in seinem Brief am Ende des 1. Jahrhunderts: »Wie klein kann ein Feuer sein, das einen großen Wald in Brand steckt. Auch die Zunge ist ein Feuer, eine Welt voll Ungerechtigkeit. Die Zunge ist der Teil, der den ganzen Menschen verdirbt und das Rad des Lebens in Brand setzt.« (3,6)

Es gibt heute eine Empörungs- und eine Entrüstungskultur. Ich werde immer wieder von Fernsehsendern angerufen, ich solle zu diesem oder jenem Politiker oder Wirtschaftler etwas sagen. Und meistens wird das mit der Erwartung verbunden, ich würde meiner Empörung oder Entrüstung über das jeweilige Verhalten Ausdruck verleihen.

Ich antworte dann immer: »Über Personen rede ich nicht. Ich kenne sie nicht. Und daher steht mir kein Urteil zu.« Manche Fernsehjournalisten versuchen, mich dann trotzdem zu einer Aussage zu drängen. Andere dagegen sagen schließlich: »Eigentlich haben Sie recht. Mir passt diese ganze Empörungskultur letztlich auch nicht.«

In der Empörung stelle ich mich über andere. Ich erhebe mich über sie und schaue auf sie herab. Doch das tut uns nicht gut. Die geistliche Tradition spricht von Demut, von »humilitas« . Das meint, dass wir Menschen auf gleichem Boden stehen. Es steht uns nicht zu, uns über andere zu erheben. Wir sind Menschen wie die anderen auch.

Die frühen Mönche sagen: »Wenn du einen Bruder sündigen siehst, dann sage: Ich habe gesündigt.« Der Mensch, der gefehlt hat, ist ein Spiegel für mich. Wenn ich in diesen Spiegel schaue, dann merke ich, dass ich vielleicht den gleichen Fehler auch habe oder dass ich zumindest auch in mir die Tendenz habe, den gleichen Fehler zu begehen. Ich habe keine Garantie, dass ich das, was ich beim anderen verurteile, nicht in ähnlicher Weise auch tun könnte oder schon getan habe.

Das deutsche Wort »Entrüstung« kommt von »rüsten«. Damit ist nicht nur die Ausrüstung mit Waffen gemeint, sondern auch sich schmücken und sich für etwas vorbereiten und zurechtmachen.

Wenn ich mich über jemanden entrüste, nehme ich ihm die Rüstung. Ich nehme ihm die Möglichkeit, sich zu verteidigen. Er ist nun unfähig, sich auf eine Aufgabe vorzubereiten. Und ich nehme ihm den Schmuck. Ich ziehe ihn öffentlich aus und entkleide ihn seines Schmuckes. Das ist ein Bloßstellen und An-den-Pranger-Stellen.

Wir denken meistens nicht an den anderen und haben nicht im Blick, wie es ihm geht, wenn er seiner Rüstung beraubt wird. Wir denken nur an uns und unsere Entrüstung. Und wir fühlen uns in unserer Entrüstung moralisch überlegen: Wir machen ja alles richtig. Und wir meinen, es sei wichtig, dass wir uns in dieser Welt entrüsten, um zu zeigen, wie andere sich verhalten sollen. Auch hier gilt das Wort Jesu: »Wer von euch ohne Sünde ist, werfe als Erster einen Stein auf sie.« (Johannes 8,7)

Unsere Gesellschaft ist von einer Sündenbock-Mentalität geprägt. Wenn eine öffentliche Person einen Fehler macht, wird sie so lange an den Pranger gestellt, bis sie aufgibt. Man lädt dieser Person dann gleichsam alle Schuld auf, die man selbst mit sich trägt. Man bewirft sie mit Dreck – im Glauben, sich auf diese Weise vom eigenen Dreck zu befreien.

Doch der Dreck, den ich auf andere werfe, bleibt genauso an mir selbst hängen. Statt ihn auf andere zu werfen, sollte ich lieber selbst unter die Dusche gehen. Durch Dreckwerfen wird die Gesellschaft nicht gereinigt. Nur wenn ich selbst bereit bin, mich zu reinigen, entsteht um mich herum eine andere Atmosphäre.

In einer Gesellschaft, in der jeder Mensch, der öffentlich herausragt, zur Projektionsfigur wird, auf die man die eigenen Schattenseiten ablädt, sind nach und nach immer weniger bereit, Verantwortung zu übernehmen.

Das Internet hat diesem Projizieren ganz neue Tore geöffnet. Jeder kann seine Meinung und seine Verurteilung anderer Personen ins Internet stellen. Im Internet ist dieses Dreckwerfen oft anonym. Nicht die Person, die den Dreck hineingeworfen hat, muss sich rechtfertigen, sondern die Person, auf die man den Dreck geworfen hat.

Egal, ob das Dreckwerfen im Internet oder auf andere Weise geschieht: Der Sündenbock-Mechanismus führt dazu, dass ein Sündenbock nach dem anderen geschlachtet wird. Doch die Gesellschaft bleibt dabei die Alte. Es ändert sich nichts. Vielmehr duckt sich jeder, damit er nicht Zielscheibe für die Schmutzwerfer wird.

Wenn man die Sprache mancher Nestbeschmutzer liest, erschrickt man vor ihrer Aggressivität, aber auch vor der Primitivität. Oft werden dann gar keine richtigen Sätze mehr gebildet. Und diese pervertierte Sprache gibt sich manchmal sogar als das »Gewissen der Nation« aus. Wenn ich solche Sätze höre, sehne ich mich nach Menschen, die noch eine Kultur in ihrem Sprechen haben, aus deren Sprache man Wertschätzung und Achtung, aber auch Schönheit und Kreativität herauslesen kann.

In der Religionsphilosophie hat man den Mechanismus des Sündenbocks durchaus positiv gesehen. Die Religionsphilosophen sagen, dass der Sündenbockmechanismus die Gesellschaft reinige oder zumindest entlaste. Doch der Unterschied zwischen dem Sündenbockmechanismus, den die Juden praktizierten, um die Gesellschaft von der Sünde zu reinigen, und anderen Sündenböcken ist folgender: Der Sündenbock, auf den die Juden alle Schuld des Volkes aufgeladen haben, war schuldlos. Das wussten die Priester und die Teilnehmer an diesem Ritual. So konnte der Sündenbock stellvertretend für das Volk die Sünde in die Wüste tragen. Aber man hat den Sündenbock nicht verurteilt – im Gegenteil: Man hat ihn geschätzt, weil er einen wichtigen Dienst für das Volk leistete.

Wir hingegen projizieren unsere Schuld auf Menschen, die nicht perfekt sind. Diese haben keine Möglichkeit, sich gegen diesen Mechanismus zu wehren. Sie werden gleichsam geschlachtet. Die Gesellschaft glaubt, dass dieser Mensch bewusst viele Fehler hat und vieles verkehrt gemacht hat. Und der Sündenbock hat keine große Chance, sich dagegen zu wehren. Dies ist dann eben kein Ritual, vielmehr wurde das Ritual seines heiligen Fluidums entkleidet. Und dadurch wird das Ritual zu einer Überforderung und zu einer öffentlichen Anklage.

Die öffentliche Sprache, wie sie oft in Talkshows gesprochen wird – es gibt allerdings auch Ausnahmen, wo sich der Moderator um ein wirkliches Gespräch bemüht –, ist oft eine verurteilende Sprache. Eine solche Sprache kann den Gesprächspartner nicht würdigen. Dann entsteht auch kein Gespräch. Es gelingt kein Sprechen, das miteinander verbindet.

Vielmehr geschieht in Talkshows oft ein Reden über andere oder aber ein provozierendes Reden, das den Gesprächspartner verunsichern möchte und das ihn zu unbedachten Äußerungen drängt. Oft verurteilt eine solche Sprache schon, bevor man die Sache richtig angesehen hat. Sie drängt den anderen immer nur zur Rechtfertigung. Doch ein Gespräch, in dem einer auf den anderen hört und durch ihn mit sich selbst in Berührung kommt, kann nicht entstehen.

In Talkshows hört man oft ein Reden, das auf Nervenkitzel aus ist. Und vor der Talkshow werden dann die anwesenden Gäste entsprechend instruiert und motiviert, dass alles lustig sein solle. Damit wird von vorneherein klargestellt, dass es sich nicht um ein ernsthaftes Gespräch handelt, dass es nicht um das Bemühen geht, über etwas wirklich zu sprechen. Es soll nur immer ein paar Witze geben, über die man lachen kann. So kommt ein oberflächliches Gerede zustande, das über alles und nichts geht, das völlig unverbindlich ist und eigentlich leer und bedeutungslos bleibt.

Leeres Gerede geht immer auf Kosten anderer. Andere werden lächerlich gemacht. Wenn sie sich wehren, sind sie Spaßverderber. Jemanden lächerlich zu machen, ist eine genauso verletzende Machtausübung wie das Vermitteln von Schuldgefühlen. Gegen beides kann man sich nicht wehren.

Allerdings gibt es im Fernsehen auch Moderatoren, die sich wirklich dem Gesprächspartner zuwenden und mit ihm ein Gespräch führen wollen, das nicht von vorneherein schon festgelegt ist – das sich vielmehr entwickeln kann, weil beide aufeinander hören. Das ist vor allem im Einzelgespräch möglich. Bei Gruppengesprächen habe ich oft den Eindruck, dass manche Teilnehmer ihre Bedeutung daran messen, sich möglichst oft zu Wort zu melden und das Gespräch zu dominieren.

In den Klatschspalten der Illustrierten geht es ähnlich wie im Fernsehen oft nur um Sensationen. Man spricht ständig über andere. In den seriösen Zeitungen sind die Artikel über andere meist durchaus von Respekt geprägt. Da versucht man, dem anderen gerecht zu werden.

Doch diese Art von Sprache, die sich einfühlt und die sich des Urteils enthält, ist eher selten. Auch von seriösen Zeitungen geht oft ein Druck auf die Journalisten aus, dass sie ihre Themen möglichst reißerisch präsentieren. Was nur ausgewogen ist, interessiert offensichtlich keinen. Die Sprache wird verzweckt. Sie dient dazu, die Auflage der Zeitung zu steigern – und nicht der Darstellung der Tatsachen oder der Aufklärung über das Zeitgeschehen und dessen Hintergründe. In diesen Zusammenhang passt eine Beschreibung von Paul Celan: »Nichts vermochte ihn derart zu verletzen wie Missbrauch und Käuflichkeit, wie jene schändlichen Berechnungen und gefährlichen Bestechungsversuche mit einer Sprache, die vorgibt, alles zu wissen und nichts mehr sagt.« (Baumann 97)

In der geschwätzigen Atmosphäre unserer Zeit wäre die Weisung des heiligen Benedikt von Nursia über die Schweigsamkeit eine gute Medizin. Benedikt schreibt: »Man soll der Schweigsamkeit zuliebe bisweilen sogar auf gute Gespräche verzichten. Um so mehr müssen wir wegen der Bestrafung der Sünde von bösen Worten lassen. Mag es sich also um noch so gute, heilige und aufbauende Gespräche handeln, vollkommenen Jüngern werde nur selten das Reden erlaubt wegen der Bedeutung der Schweigsamkeit. Steht doch geschrieben: Beim vielen Reden wirst du der Sünde nicht entgehen ..., und an anderer Stelle: Tod und Leben stehen in der Macht der Zunge ...« (Benediktsregel 7,2–5)

Sobald wir über andere Menschen reden, kommt immer unser Drang in uns hoch, zu werten und zu verurteilen, und vermischt sich mit unseren Worten. Damit aber stiften wir oft Unheil. Wir verletzen andere Menschen und bedienen nur den Nervenkitzel der Zuhörer oder Leser.

Wer heute öffentlich das Wort ergreift, prägt die Gesellschaft. Jeder, der einen Vortrag hält, und jeder, der einen Beitrag in einer Zeitung oder Zeitschrift veröffentlicht, prägt die Sprache unserer Welt mit. Daher geht es darum, achtsam mit der Sprache umzugehen. Wir bauen mit unserer Sprache am Haus unserer Gesellschaft mit. Wir wissen, wie sich oft unmerklich in unsere Sprache Aggressivität, Verurteilung und Aufhetzung einschleicht.

Umso mehr Verantwortung haben alle Menschen, die in der Öffentlichkeit sprechen: eine Verantwortung für die Sprache und für das Denken unserer Zeit. Hilde Domin hat das vom Gedicht her so gesehen, das ja auf den ersten Blick nur eine geringe Wirkung auf unsere Welt hat. Im Gedicht nimmt sich der Dichter aus der Welt des Funktionierens zurück. Und daher gehören die Gedichte, auch wenn sie noch so unscheinbar sind, »zum Besten, was wir haben. Zu dem, was den Menschen rettet, in seinem Menschsein, ihn befreit von den Zugriffen, gleichgültig, in welcher Gesellschaftsform er zu leben haben wird.« (Domin 295)

Weil jedes Gedicht die Sprache erneuert, hat es eine Wirkung auf die Gesellschaft. Aber auch jeder, der in der Öffentlichkeit seinen Mund auftut oder zur Feder greift, sollte sich seiner Verantwortung nicht nur für die Sprache, sondern auch für das Denken und für das Menschenbild der Gesellschaft bewusst sein.

Die öffentliche Sprache sollte etwas von der Qualität der Sprache Jesu haben, der ja auch öffentlich gesprochen hat. Die öffentliche Sprache darf nicht ausgrenzen.

Die Sprache grenzt aber oft aus – einmal durch Verurteilen und Entwerten, zum anderen aber auch durch eine Ghettosprache. Eine wissenschaftliche Sprache grenzt oft die Nicht-Wissenschaftler aus. Eine theologische Sprache kann zur Ghettosprache werden, die niemand mehr versteht. Die öffentliche Sprache hat die Aufgabe, Menschen miteinander zu verbinden und zu versöhnen.

Oft spüren wir – sobald ein Politiker oder ein Wirtschaftsvertreter spricht – die innere Zerrissenheit des Redenden. Weil er in sich gespalten ist, wirkt sich sein Sprechen auch spaltend in der Gesellschaft aus. Von anderen Politikern sagt man: »Die reden viel, ohne etwas zu sagen.« Da ist die Sprache nur oberflächlich. Sie ergeht sich in Allgemeinplätzen. Aber sie eröffnet keinen Horizont. Sie bringt nichts in Bewegung.

Wir sollten uns unserer Verantwortung für unser Sprechen bewusst sein. Dabei genügt es nicht, nur richtig zu sprechen. Wir sprechen so, wie es in uns aussieht. So verlangt das Sprechen erst einmal eine spirituelle Arbeit: die Arbeit, sich mit sich selbst auszusöhnen, sein Herz und damit auch seine Sprache zu reinigen – um dann so sprechen zu können, dass meine Worte die anderen achten, wertschätzen, ermutigen, versöhnen und ihnen Hoffnung vermitteln.

Sprechen und Handeln

Sprechen und Handeln sollten übereinstimmen. Doch schon Jesus hat bei den Pharisäern angemahnt, dass sie nicht tun, was sie sagen. Jesus warnt seine Jünger: »Tut und befolgt also alles, was sie euch sagen, aber richtet euch nicht nach dem, was sie tun; denn sie reden nur, tun selbst aber nicht, was sie sagen.« (Matthäus 23,3)

Dieser Zwiespalt zwischen Reden und Tun ist auch im griechischen Kulturraum bekannt. Diogenes kritisiert die Redner, die voller Eifer das Gerechte sagen, es aber nicht tun. (Vgl. Grundmann 484)

Die Warnung vor den Pharisäern, die anders handeln als sie reden, versteht das Matthäusevangelium aber nicht in erster Linie als Kritik gegenüber den pharisäischen Kreisen im Judentum, sondern als Warnung für die christlichen Gemeinden: Zu jeder Zeit und in jeder Gemeinschaft – auch und gerade in den christlichen Gemeinschaften – gibt es die Gefahr, dass wir anders reden, als wir handeln. Wir sollten daher die Worte Jesu für unsere eigene Gewissenserforschung ernst nehmen, anstatt über andere zu reden.

Jesus wird vom Evangelisten Matthäus nicht nur als Lehrer geschildert, sondern als einer, der selbst tut, was er sagt. Jesus erfüllt in seiner Passion, was er in der Bergpredigt von seinen Jüngern fordert: den Willen Gottes zu tun und auf Gewalt zu verzichten. Daher ist Jesus ein glaubwürdiger Lehrer, einer, der selbst den Weg geht, den er anderen weist.

Am Ende der Bergpredigt schärft Jesus mit einem Bild seinen Jüngern ein, seine Worte nicht nur zu hören, sondern auch zu befolgen: »Wer diese meine Worte hört und danach handelt, ist wie ein kluger Mann, der sein Haus auf Fels baute. Als nun ein Wolkenbruch kam und die Wassermassen heranfluteten, als die Stürme tobten und an dem Haus rüttelten, da stürzte es nicht ein; denn es war auf Fels gebaut.« (Matthäus 7,24f) Als die Verwandten Jesu ihn einmal sprechen wollen, verweist er seine Zuhörer auf seine neue Familie: »Meine Mutter und meine Brüder sind die, die das Wort Gottes hören und danach handeln.« (Lukas 8,21)

Beides gehört zusammen: Hören und Tun, Sprechen und Handeln. Wir werfen heute manchen Moralisten vor, sie würden »Wasser predigen und Wein trinken«. Dieses Sprichwort meint Menschen, deren Reden nicht mit ihrem Tun übereinstimmt. Solche Menschen werden für uns auf Dauer unglaubwürdig.

Natürlich ist jeder von uns in Gefahr, dass sein Handeln nicht immer ganz mit seinem Reden übereinstimmt. Daher sollten wir den Mund nicht zu voll nehmen, sondern bescheiden reden. Die Gefahr ist, dass die größten Moralisten oft selbst nicht tun, was sie von anderen verlangen. Der Psychoanalytiker C. G. Jung meint, der Moralist müsse so scharf gegen das Böse reden, weil er Angst vor dem Bösen im eigenen Herzen habe. Er müsse so rigoros für die Moral eintreten, weil er die Unmoral im eigenen Herzen spüre, aber nicht wahrhaben wolle. Wir sind daher immer skeptisch, wenn jemand zu große Worte macht. Dann ist er immer in Gefahr, in einen Zwiespalt zwischen seinen Worten und seinem Handeln zu geraten.

Unser Handeln wird nie ganz mit unserem Sprechen übereinstimmen. Aber es sollte sichtbar werden, dass wir das, was wir sagen, auch zu leben versuchen. Wir sagen das, was wir anderen verkünden, immer auch zuerst uns selbst. Wenn Menschen spüren, dass wir bemüht sind, unser Sprechen und Handeln in Einklang zu bringen, dann erleben sie uns als authentisch. Nicht der perfekte Mensch ist authentisch, sondern der, der ehrlich versucht, sein Reden und Tun übereinstimmen zu lassen.

Sprechen und Handeln haben aber noch eine andere Beziehung zueinander. Beides wurzelt im Denken. Zuerst denken wir schlecht über andere, dann reden wir verächtlich über sie und dann folgt auch ein aggressives oder verletzendes Verhalten.

Wie wir über andere Menschen reden, das bleibt nicht verborgen. Es wirkt sich in unserer Ausstrahlung aus. Selbst wenn wir dem anderen nach außen hin nichts Böses tun, spürt er in unserer Ausstrahlung, was und wie wir über ihn gesprochen haben. Das Sprechen wirkt sich unmittelbar in unserer Haltung und dann auch in unserem Verhalten aus.

Wenn ich mit Firmenvertretern spreche, höre ich immer genau hin, wie sie über andere Firmen reden. Und wenn ich in geistlichen Gemeinschaften bin, spüre ich den Geist, der in ihnen herrscht, auch daran, wie sie über andere Gemeinschaften reden. Wenn sie über alle anderen Gemeinschaften schlecht reden, dann ist das immer ein Zeichen, dass sie selbst die eigenen Schwächen und Schattenseiten verdrängen und auf andere projizieren. Ihr Reden prägt dann auch ihr Verhalten: einmal das Verhalten anderen gegenüber, aber auch das Verhalten innerhalb der eigenen Gemeinschaft.

Wir können diesen Zusammenhang auch im politischen Bereich sehen. Im Dritten Reich wurden zuerst die Juden verbal angegriffen und als minderwertige Rasse hingestellt. Die aggressive Sprache hat dann zu der unheilvollen Gewalt gegenüber den Juden geführt.

Mit unserer Sprache beeinflussen wir unser eigenes Tun und das Handeln der anderen. Daher sind wir verantwortlich für unser Sprechen. Wir dürfen uns nicht herausreden: Das waren ja nur Worte. Wir haben ja nichts Böses getan. – Die Worte tun schon etwas Böses. Sie säen die Saat des Bösen, die dann in bösen Handlungen aufgeht. Zuerst kommt das Denken, dann das Sprechen und dann die Tat. Diese drei Bereiche lassen sich nicht voneinander trennen.

Sprache und Protest

Wenn wir an Protest denken, meinen wir, er sei immer *gegen* jemanden gerichtet. Aber das Wort bedeutet eigentlich: »öffentlich als Zeuge auftreten«, »etwas öffentlich aussagen«. In Protest steckt das Wort »testari«, das »Zeuge sein«, »bezeugen« meint, und »pro«, das sowohl »vor« als auch »für« bedeuten kann.

Ich lege vor anderen Zeugnis ab und ich verkünde etwas für andere. Ich trete nicht gegen jemanden an, sondern für jemanden und für etwas ein. Viele Dichter und Schriftsteller verstehen ihre Gedichte und ihre Romane als Protest gegen die herrschende Meinung. Aber im wirklichen Protest ist nie das Sprechen gegen jemanden gemeint, sondern es geht um den Einsatz für jemanden oder für eine gute Sache. Zum Protest wird mein Gedicht oder mein Artikel, indem es oder er – gegenüber der weit verbreiteten Sichtweise – eine andere Art zu denken und zu sprechen bezeugt. Der wahre Protest klagt nicht an, sondern bezeugt etwas. Aber er tut es bewusst in Auseinandersetzung mit anderen Meinungen und Worten.

Der Protest hat die Aufgabe, Redeweisen und Denkweisen in Frage zu stellen, die sich in die Köpfe der Menschen eingeschlichen haben. Die Propheten im Alten Testament wollen gegen das Hurra-Geschrei blinder Königsanhänger auf die politische und religiöse Situation des Landes hinweisen. Es ist nicht alles so gut, wie die Leute meinen, die im Tempel ihre Opfer bringen. So kann der Protest auch zur Anklage werden, die aufrütteln möchte.

Der Prophet Amos muss offensichtlich eine scharfe Sprache sprechen, damit er überhaupt gehört wird. Denn die Menschen lullen sich oft in ihren Illusionen ein. Sie wollen die Wirklichkeit nicht sehen, wie sie ist. So klagt Amos die Reichen an: »Seht euch das wilde Treiben in der Stadt an und die Unterdrückung, die dort herrscht. Sie kennen die Rechtschaffenheit nicht – Spruch des Herrn –, sie sammeln Schätze in ihren Palästen mit Gewalt und Unterdrückung. Darum – so spricht Gott, der Herr: Ein Feind wird das Land umzingeln; er wird deine Macht niederreißen, und deine Paläste werden geplündert.« (3,9–11)

Mein Onkel, P. Sturmius, der wie ich Mönch in Münsterschwarzach war, war auch sensibel für eine Sprache, die sich allzu sehr an den Zeitgeist angepasst hat. Er hat seine Predigten und seine Bücher immer auch als Protest verstanden, obwohl er niemanden darin angegriffen hat. Aber er hat sich gegen Tendenzen zur Wehr gesetzt, die für ihn nicht mit dem Geist Jesu übereinstimmten. So galt auch in Klosterkreisen nach dem Zweiten Weltkrieg der Slogan »Mitleid ist Schwäche«. Die Mitbrüder, die so sprachen, merkten gar nicht, dass sie damit die Sichtweise des Dritten Reiches verinnerlicht hatten. Damals hat mein Onkel eine eigene Predigt zum Thema »Mitleid« gehalten. Er hat niemanden angegriffen. Aber er hat mit seiner Predigt Protest eingelegt gegen eine Redensweise, die sich unbewusst bei vielen Mitbrüdern eingeschlichen hatte. Offensichtlich war die Predigt so eindrucksvoll, dass daraufhin niemand mehr im Konvent diesen Slogan in den Mund nahm. Der Protest hat eine Veränderung des Denkens bewirkt.

Viele Dichter haben ihre Gedichte als Protest verstanden, so auch Bertolt Brecht. Er redet nicht den Lesern nach dem Mund. Er erhebt seine Stimme für die Entrechteten und für die Menschen, die am System leiden. Bei Liedermachern gibt es Protestsongs. Diese klagen nicht konkrete Menschen an, sondern eine Haltung, die in der Gesellschaft herrscht.

Die Sprache hat immer auch Protestcharakter. Sie tritt als Zeuge für eine Sichtweise ein, die sich gegenüber einer anderen Sichtweise durchsetzen will, die den Menschen nicht guttut. So hat es auch der heilige Paulus verstanden. Er hat immer wieder Redeweisen und Denkweisen seiner Leser aufgegriffen und durch eine andere Sprache dagegen protestiert. So wirft er den Korinthern vor: »Ihr seid immer noch irdisch eingestellt.« (Erster Korintherbrief 3,3) Er wirft ihnen ihre Redeweise vor: »Ich halte zu Paulus!, ein anderer: Ich zu Apollos!, seid ihr da nicht Menschen?« (3,4) Und dann begründet er seine andere Sichtweise. Es geht nicht um die Verkündiger, sondern um Christus, der verkündigt wird. Oder er greift Slogans auf, die bei den Korinthern im Umlauf sind und ihr Denken und Verhalten prägen. Und dann lenkt er den Slogan um: »Alles ist erlaubt – aber nicht alles nützt. Alles ist erlaubt – aber nicht alles baut auf.« (10,23)

Alles ist erlaubt – das war die Denkweise der Gnosis, die sich in Korinth breitgemacht hatte. In ihr gibt es dann keine Normen mehr. Doch Paulus zeigt den Korinthern auf, dass es um etwas anderes geht: Mein Reden und mein Verhalten soll den anderen nützen und die Gemeinschaft und den Einzelnen aufbauen. Paulus verurteilt die Korinther nicht. Durch seine Protestsprache lenkt er nur ihr Denken, Sprechen und Handeln in eine andere Richtung. Das ist das Wesen des Protestes, dass er angesichts schädlicher Denk- und Redeweisen eine Sprache spricht, die dem Wesen des Menschen gerecht wird.

Einige Regeln der Kommunikation

Über das Gelingen des Gesprächs haben sich schon viele Menschen Gedanken gemacht. In unserem Gespräch zur Vorbereitung dieses Buches kreisten viele Beiträge um die Frage, was das Geheimnis eines guten Gespräches sei und wie ein Gespräch gelingen könne.

Im Gespräch kommen Menschen durch die Sprache einander näher. Sie finden zueinander. Aber zugleich erkennen die Menschen, dass die Sprache nur ein unvollkommenes Mittel ist, sich auszudrücken und dem anderen das zu sagen, was sie im Herzen spüren. Die Menschen sprechen, weil sie ein Bedürfnis haben: das Bedürfnis nach Nähe, nach Verstandenwerden, nach Gemeinschaft. Ich möchte gesehen und nicht übersehen werden. Ich möchte, dass ich dazugehöre, dass man mich hört und dass ich auf die anderen höre und so ein Gefühl von Zugehörigkeit wachsen kann.

Indem die Bedürfnisse in der Sprache ausgedrückt werden, verändern sie sich. Oft habe ich das Bedürfnis, im Gespräch zu erzählen, was ich erlebt habe. Indem ich mein eigenes Leben anderen erzähle, wird es mir selbst klarer. Das Erzählen ist ein Klären der eigenen Situation. Und zugleich werden durch meine Erzählung die Hörer in meine Geschichte hineingezogen. Erzählen führt dann auch dazu, dass der andere sich selbst in meinen Worten wiederfindet, dass er durch meine Erzählung sich selbst besser versteht.

Der Philosoph und Medientheoretiker Vilém Flusser meint einmal, der Dialog sei Auflehnung gegen den Tod und Aufbegehren gegen das, was auseinanderfällt. (Vgl. Flusser 10) Der Dialog möchte die Menschen zusammenbringen. Ich darf ich selbst sein und der andere er selbst, aber zugleich möchte einer für den anderen da sein. Wilhelm von Humboldt meint: »Jede Rede ruht auf der Wechselrede.« Die Sprache meint immer schon den anderen mit, sie versucht, auf den anderen einzugehen und ihm zu antworten.

Der Dialog zielt auf die Begegnung von Menschen. Gelingt er, wird niemand verzweckt oder als Mittel missbraucht. Ich wende mich im Dialog dem anderen um seiner selbst willen zu. Im Dialog versuche ich nicht nur den anderen zu verstehen, sondern möchte ich mich mit ihm auf das Gemeinsame und das Eigentliche einigen, das uns »unbedingt angeht«. (Paul Tillich) So ist in jedem echten Dialog Gott anwesend als der, der uns unbedingt angeht.

Wie ein Dialog gelingen und was ihn behindern kann, das hat Friedemann Schulz von Thun in seinem berühmten »Vier-Seiten-Modell« sehr eindrucksvoll beschrieben. Ich stütze mich bei der Beschreibung dieses Modells auf die Ausführungen, die mir der Kommunikationstrainer Ralph Wüst bei unserem gemeinsamen Gespräch über dieses Buch überreicht hat.

Schulz von Thun meint, in der Kommunikation von einer Person zur anderen können die Nachrichten aus vier unterschiedlichen Richtungen angesehen und unter vier unterschiedlichen Annahmen gedeutet werden:

Der *erste Aspekt* meint die Beziehung zur Sache: Die beschriebene Sache, der Sachinhalt wird mitgeteilt.

Der *zweite Aspekt* betrachtet die Beziehung zum Sprecher: Er bezieht sich auf die Selbstoffenbarung des Sprechers. Dieser gibt etwas von sich selbst kund.

Der *dritte Aspekt* ist auf die Beziehung bezogen: An der Art der Nachricht wird etwas über die Beziehung offenbar. Es wird klar, was ich von dir halte und wie wir zueinander stehen.

Der *vierte Aspekt* bezieht sich auf die beabsichtigte Wirkung: In meinen Worten steckt ein Appell an den anderen. Ich möchte ihn zu etwas veranlassen.

Störungen und Konflikte entstehen, wenn der Sprecher und der Hörer die vier Ebenen unterschiedlich deuten und gewichten. Das führt zu Missverständnissen und Konflikten. Ein bekanntes, aber nach wie vor eindrucksvolles Beispiel beschreibt Schulz von Thun in seinem Buch »Miteinander reden«. Ein Paar sitzt am Auto, die Frau am Steuer. Sie halten vor einer Ampel. Der Mann sagt zur Frau: »Die Ampel ist grün.« Die Frau antwortet: »Fährst du oder fahre ich?« (Vgl. Schulz von Thun 1,25f)

Die Äußerung des Mannes kann in dieser Situation neben der Sachebene auf den drei weiteren Ebenen folgendermaßen verstanden werden: als Aufforderung loszufahren (Appellebene), als Absicht des Beifahrers, der Frau am Steuer zu helfen, als Demonstration der Überlegenheit des Beifahrers über die Frau (Beziehungsebene) oder aber als Hinweis darauf, dass der Beifahrer selbst es eilig hat und ungeduldig ist (Selbstoffenbarung).

Die Frau hat die Botschaft ihres Mannes offensichtlich als Herabsetzung oder Bevormundung verstanden. So reagiert sie patzig und will eine Grundsatzdiskussion entfachen, wer denn jetzt fahre – sie oder er. Und in ihrem Satz steckt auch ein Appell: Wenn ich fahre, dann lass mich so fahren, wie ich es für gut halte. Und misch dich nicht in meine Fahrweise ein.

Schulz von Thun kann dieses Vier-Seiten-Modell auch als Vier-Ohren-Modell beschreiben. Damit meint er, jeder Hörer solle die Botschaft des anderen immer gleichmäßig mit dem Sach-Ohr, dem Beziehungs-Ohr, dem Selbstoffenbarungs-Ohr und dem Appell-Ohr hören. Doch das geschieht selten. Manche Menschen hören nur mit dem Appell-Ohr. Die Frau hört beispielsweise die Frage ihres Mannes »Gibt es noch Bier?« nicht auf dem Sach-Ohr. Dann könnte sie ihm die richtige Information geben. Sie hört sie auch nicht auf dem Selbstoffenbarungs-Ohr. Dann würde sie fragen: »Hast du noch Durst?« Vielmehr hört sie es oft mit dem Appell-Ohr und vielleicht auch noch mit dem Beziehungs-Ohr. Sie hört in der Frage sofort den Vorwurf, dass sie zu wenig für Bier gesorgt habe. Umgekehrt ist es aber auch so, dass der Sprechende in seiner Kommunikation die verschiedenen Ebenen der Nachrichten – unbewusst oder auch mehr bewusst – miteinander kombiniert.

Mit welchen Ohren wir hören, hängt auch von unserer Lebensgeschichte ab. Wenn Menschen in der Kindheit aus jeder Botschaft der Eltern immer nur einen Appell oder einen Vorwurf herausgehört haben, dann hören sie als Erwachsene vor allem auf dem Appell-Ohr. Und sie fühlen sich durch alle Fragen des anderen in Frage gestellt.

Ein Mann kommt abends nach Hause und fragt seine Frau: »Wie geht es dir? Was hast du heute getan?« Er legt in diese Frage ein Interesse an seiner Frau hinein und will einfach wissen, wie es ihr tagsüber ergangen ist und was sie so alles gemacht hat. Die Frage ist eine Einladung, zu erzählen und in Kommunikation zu kommen. Doch die Frau versteht die Frage sofort als Kontrolle. Sie fühlt sich von ihrem Mann kontrolliert, weil sie diese Frage ständig von ihrem Vater als Kontrollfrage im Ohr hatte.

Für Friedemann Schulz von Thun kommt es aber im Dialog nicht nur darauf an, genau hinzuhören, auf welcher Ebene die Botschaft des anderen gemeint ist. Er beschreibt auch, dass wir in uns selbst ja verschiedene Stimmen haben. (Vgl. Schulz von Thun 3, 21f) Da ist einmal in uns der Moralist, der ständig Normen hochhält. Dann gibt es dort den Altruisten, der dem anderen immer helfen will. Dann ist das schlechte Gewissen in uns, das unsere richtige Absicht anzweifelt. Oder es ist der Verantwortungsbewusste in uns, der für alles Verantwortung übernehmen will. Und oft genug wird unser Gespräch gestört, weil wir selbst nicht genau wissen, welche Stimme oder welche innere Person denn jetzt eigentlich spricht.

Schulz von Thun meint: Bevor wir ein Gespräch mit anderen führen, müssten wir erst einmal eine Konferenz anberaumen, um die verschiedenen Stimmen in uns miteinander diskutieren zu lassen. Jede Stimme in uns hat eine gewisse Berechtigung, aber oft widersprechen sie sich. Und dann misslingt auch das Gespräch mit dem anderen. Denn der fühlt sich irritiert. Er weiß gar nicht genau, wer da mit ihm spricht. Daher braucht es erst eine innere Klärung, mit welcher Stimme wir sprechen möchten. Dann kann auch das Gespräch mit dem anderen gelingen. Denn oft spricht der Moralist in uns und bewirkt beim anderen Widerstand. Dann fängt der Versteher in uns an zu sprechen. Das irritiert den anderen noch mehr. Und wenn dann noch der Helfer in uns zu reden beginnt, kennt sich der andere gar nicht mehr aus.

Wenn ich vor Managern Vorträge halte, höre ich manchmal das Lob: »Ihr Vortrag hat mich tief berührt. Sie haben so authentisch gesprochen. Das habe ich nicht bei allen Vorträgen auf dieser Tagung so erlebt.« Ich will mich mit diesem fremden Lob nicht selbst als Vorbild hinstellen. Aber ich höre aus diesen Worten auch das Bedürfnis nach authentischem Sprechen heraus.

Für mich ist es wichtig, dass das Sprechen aus dem Herzen kommt. Und Sprechen muss in Beziehung zu den Hörenden geschehen. Daher nehme ich immer Blickkontakt auf. Ich schaue auf die Menschen und spüre an ihren Reaktionen, wie ich so sprechen kann, dass meine Rede nicht nur Monolog, sondern Dialog wird.

Manche Redner lesen ihren Text nur vor. Doch das geschriebene Wort ist etwas anderes als das gesprochene Wort. Das gesprochene Wort braucht immer die Beziehung zum Hörer. Wenn ich auf den Hörer schaue, dann spüre ich, was ich sagen und wie ich meine Gedanken »rüberbringen« kann. Geschriebene Sätze sind oft zu lang zum Hören. Und oft ist ihre Sprache zu kompliziert.

Ich habe immer wieder auch mit Übersetzern zu tun. Sie beklagen sich oft über die langen und zu komplizierten Sätze, an denen sie sich abarbeiten müssen. Manche Professoren meinen, ihre Gedanken nur in langatmigen Sätzen wiedergeben zu können.

Doch meine Erfahrung ist: Wenn ich eine Sache verstanden habe, kann ich sie auch einfach ausdrücken. Hinter komplizierten Sätzen versteckt sich oft eine komplizierte Seele oder das Bedürfnis, durch schwierige Sätze Eindruck zu machen. Natürlich darf die Sprache nicht banal werden. Aber die Kunst wäre, die Dinge zu verstehen und sie dann in einer Sprache auszudrücken, die verständlich ist.

Aber nicht nur Professoren haben ihre eigene Sprache, die oft nur im Kopf ist und nicht aus dem Herzen kommt. Der Kommunikationstrainer, der auch Vorlesungen gibt, erzählte im eingangs angesprochenen Gespräch, dass viele Studenten bei ihren Vorträgen vor den Kommilitonen ihre eigene Sprache verleugneten. Sie kopierten die Sprache der Professoren. Sie meinten, sie müssten sich in ihrer Sprache anpassen. Doch dadurch wirken ihre Referate blass. Wenn sie dann wieder allein unter den Mitstudenten sind, reden sie ganz anders. Jetzt können sie die Themen auch viel anschaulicher erklären.

Ein Student in unserer Gesprächsrunde meinte, viele Studenten würden sich aus Angst vor der Zukunft in ihren Vorträgen an ausgesprochene oder unausgesprochene Erwartungen ihrer Zuhörer anpassen. Sie haben Angst, authentisch zu sein und aus den Erwartungen auszubrechen, denen sie sich ausgesetzt fühlen.

Wir passen uns oft in unserer Sprache an: die Studenten an die Sprache der Professoren, die Sportler, die interviewt werden, an die Sprache der Journalisten, die Manager in Betrieben an die betriebswirtschaftliche Sprache. Aber dann erleben wir diese Menschen nicht als authentisch. Ihre Sprache kommt bei uns nicht an. Wir hören den Menschen nicht durch seine Sprache hindurch. Wir hören höchstens die Ängste heraus, nur ja nichts Eigenes von sich preiszugeben.

Menschen passen sich der Sprache an, von der sie meinen, sie sei die von der Öffentlichkeit erwartete Sprache. Doch damit wird ihre eigene Sprache verfälscht. Sie kommt nicht mehr aus dem Herzen, sondern nur noch aus einem Kalkül heraus, je nach Situation oder Temperament möglichst unauffällig oder möglichst extravagant aufzutreten.

Weil ich einmal in einem vierstündigen Stau stecken blieb, musste ich einen Vortrag vor rund fünftausend Lehrern per Telefon halten. Das fiel mir sehr schwer. Wenn ich keinen Blickkontakt zu den Zuhörern habe, dann fließt bei mir auch das Wort nicht. Ich kann zwar sagen, was ich denke. Aber es fehlt die Beziehung. Im Laufe des Vortrages stellte ich mir einfach die Hörer vor. Dann ging es etwas besser.

Sprechen ist immer ein dialogischer Vorgang, nie nur ein Monolog, auch wenn der Redner allein den Vortrag hält. Er spricht immer zu konkreten Menschen. Und die Kunst der Rede besteht darin, die Menschen, die vor mir sitzen, anzusprechen und ihr Herz zu erreichen.

Als ich in meinem Vortrag für die vielen Lehrer die Menschen vor mir nicht sehen konnte, ist mir aufgegangen, was der Philosoph Ferdinand Ebner immer wieder über die dialogische Dimension der Sprache gesagt hat.

Er meint: »Von der Tatsache, dass sich das Wort zwischen der ersten und zweiten Person abspielt, muss jeder Versuch ausgehen, die Sprache in Hinsicht auf ihre geistige Bedeutung zu ergründen.« (Ebner 29)

Ohne Sprache gibt es keine Persönlichkeit, und ohne Beziehung zwischen Ich und Du gäbe es keine Sprache. In der Sprache drückt sich das Ich gegenüber dem Du aus. Das ist für mich nicht nur beim Vortrag wichtig, sondern auch beim Schreiben. Auch dort habe ich immer konkrete Menschen vor Augen, die ich zu verstehen suche, indem ich sie beschreibe, und denen ich mit meinen Worten eine Antwort geben möchte. Das Schreiben ist letztlich die ausgearbeitete Antwort, die ich im persönlichen Gespräch auf für mich unzureichende Weise gegeben habe.

Reden und Schweigen

Die frühen Mönche haben das Schweigen als ihren wichtigsten spirituellen Weg angesehen. Aber gerade zu diesen im Schweigen erfahrenen Mönchen kamen viele Menschen aus Rom und aus allen Gegenden des damaligen römischen Reiches, um ein Wort zu hören. Und oft verweigerten die Mönche ihr Wort – vor allem dann, wenn sie merkten, dass die anderen Menschen nur aus Neugier kamen.

Zu Abbas Theodoros kommt einmal ein Bruder, um ein Wort von ihm zu hören. Doch der Abbas schweigt drei Tage lang. Als ihm seine Schüler Vorwürfe machen, antwortet er ihnen: »Wirklich, ich wollte nicht zu ihm sprechen. Er ist ein Wichtigtuer und will sich mit fremden Worten rühmen.« (Weisung der Väter 270) Die Voraussetzung, dass Mönche ein Wort von sich geben, ist die Bereitschaft des Hörers, dieses Wort auch zu befolgen. So sagt Abbas Philikas Leuten, die von ihm ein Wort hören wollten: »Jetzt gibt es kein Wort mehr. Als die Brüder früher die Altväter fragten und taten, was diese ihnen sagten, gab Gott ihnen ein, wie sie reden sollten. Heutzutage aber, da man zwar fragt, aber nicht tut, was man hört, hat Gott den Altvätern die Gnade des Wortes entzogen, und sie finden nicht, was sie sagen sollen, weil niemand ist, der es ausführt.« (Ebd. 231)

Ein Grund, warum die Brüder das Wort verweigern, liegt in Gott selbst. Gott selbst gibt den Altvätern kein Wort ein, wenn zu ihnen nur Menschen kommen, die nicht bereit sind, das zu befolgen, was sie sagen. Worte um der Worte willen sind für die Mönche wertlos. Ein Wort hat für sie nur eine Bedeutung, wenn es auch ausgeführt wird. Sie beherzigen das Wort Jesu: »Wer diese meine Worte hört und danach handelt, ist wie ein kluger Mann, der sein Haus auf Fels baute.« (Matthäus 7,24)

Wer nicht bereit ist, Worte, die er hört, zu befolgen, der ist für die Mönche ein Wichtigtuer. Ein solcher möchte mit den Worten angeben, die er von Mönchen gehört hat. Aber er ist nicht bereit, sie zu befolgen.

Die Mönche haben geschwiegen. Ihre Worte waren aus dem Schweigen geboren. Und sie wurden ihnen von Gott geschenkt. Die Mönche haben das Schweigen nicht benutzt, um dann besser reden zu können. Sie wollten im Schweigen Gott begegnen. Aber sie haben sich auf diesem Weg zu Gott gegenseitig unterstützt. Und dazu brauchten sie das Wort. Das Wort wurde ihnen von oben geschenkt. Sie hatten es nicht durch Nachdenken selbst erworben. Aber gerade weil ihre Worte aus dem Schweigen und von Gott her kamen, hatten sie ein besonderes Gewicht.

Es gibt Menschen, die müssen ständig reden. Sie können keine Stille aushalten. So wird ihr Reden wirklich Gerede. Es dient nur dazu, das Schweigen zu übertönen und der Stille auszuweichen.

Wer etwas zu sagen hat, der muss ins Schweigen gehen. Im Schweigen kann er beurteilen, welche Worte es wert sind, gesagt zu werden, und welche lieber nicht gesagt sein sollten. Er legt dann die Worte auf die Goldwaage. Er plappert nicht einfach so daher, sondern er spricht Worte, die etwas bedeuten, die aufrichten, die einen Weg weisen, die das Geheimnis zum Ausdruck bringen.

Schweigen und Reden hat aber noch eine andere Bedeutung. Manchmal schweigen wir, weil wir nichts zu sagen haben und weil uns keine Worte kommen, die von Bedeutung wären. Gerade Menschen, die viel reden müssen – Seelsorger, Therapeuten, Politiker, Ärzte – spüren, dass sie momentan nicht wissen, was sie sagen sollen. Viele überspielen dieses innere Schweigen. Sie stehen unter Druck, trotzdem etwas sagen zu müssen. Die Medien verlangen vom

Politiker, dass er sofort eine Meinung zu diesem oder jenem Problem kundtut. Er hat gar keine Zeit, sich Gedanken zu machen, was er sinnvollerweise dazu sagen könnte. Prediger spüren, dass ihnen momentan die Worte fehlen, um den Glauben so auszudrücken, wie es ihrer Verfassung entspricht. Trotzdem meinen sie, sie müssten etwas sagen. Aber dann werden ihre Worte oft leer.

Einem Therapeuten fällt im Gespräch mit dem Klienten nichts ein, was er zu dessen Leid sagen könnte. Manche flüchten sich dann in psychologische Theorien, um ihre Sprachlosigkeit zu überspielen. Doch sowohl dem Seelsorger, dem Therapeuten als auch dem Politiker stünde es gut an, wenn sie zu ihrem Schweigen stehen, wenn sie es einmal aushalten würden, dass sie zu diesem oder jenem Thema nichts oder noch nichts zu sagen haben. Das wäre ehrlicher. Das würde uns vor vielen Worthülsen und Allgemeinplätzen bewahren, die unsere Sprache immer mehr banalisieren.

Es wäre gut, das Schweigen auszuhalten und zu warten, bis aus dem Schweigen neue Worte geboren werden. Manch ein Schriftsteller braucht solche Zeiten des Schweigens, damit neue Ideen durch ihn hindurch zu den Menschen fließen können. Hugo von Hofmannsthal bestätigt das: »Ein Mensch wird umso sprachgewaltiger sein, aus einer je tieferen Einsamkeit er kommt.« (Zit. n. Baumann 104) Mit diesem Wort kann man auch die Sprachgewalt von Paul Celan erklären, der sich oft in die Einsamkeit und Stille zurückgezogen hat, damit neue Worte in ihm geboren werden.

Worte, die aus dem Schweigen geboren werden, sind nie moralisierend. Sie können aber durchaus aufwecken, so wie Jesus mit seinen Worten die Menschen oft aufgeweckt hat. Er hat ihnen gleichsam das Brett weggezogen, das sie vor dem Kopf hatten, damit sie die Augen aufmachen und die Menschen und die Wirklichkeit ihres Lebens so sehen, wie sie wirklich sind.

Jesus hat nicht moralisierend gesprochen. Seine Worte waren herausfordernd, aber immer Leben weckend. Moralisieren erzeugt in den Zuhörern immer ein schlechtes Gewissen. Und ein schlechtes Gewissen zu erzeugen, ist eine subtile Form von Machtausübung. Denn niemand kann sich gegen das schlechte Gewissen völlig abschirmen. Jeder hat auch in sich die Ahnung, dass nicht alles in ihm richtig ist. Aber mit einem schlechten Gewissen verwandle ich die Menschen nicht. Ein schlechtes Gewissen erzeugt einen Katzenjammer. Und ein Katzenjammer hat noch selten zu einer Veränderung eines Menschen geführt.

Oft raubt das schlechte Gewissen uns die Kraft, etwas an uns zu ändern. Moralisierende Predigten haben oft etwas Bedrohliches und etwas Besserwisserisches an sich. Wer so predigt, der erhebt sich über die anderen. Er tut so, als ob er alles erfülle, was er von den anderen verlangt. Aber von solchen Moralisten gilt das Urteil Jesu über die Pharisäer: »Sie reden nur, aber tun nicht, was sie sagen. Sie schnüren schwere Lasten zusammen und legen sie den Menschen auf die Schultern, wollen selber aber keinen Finger rühren, um die Lasten wegzuschaffen.« (Matthäus 23,3f)

Hier steht im Griechischen das Wort »legousin«, das »sie reden«, »sie begründen« bedeutet. Die Argumente der Pharisäer sind auf die anderen gerichtet. Sie selbst aber halten sich von ihren eigenen Begründungen fern. Und sie unternehmen nichts, um das Gesetz so auszulegen, dass es dem Menschen nicht zur unnötigen Last wird. Ihre moralisierende Sprache will vielmehr Macht ausüben und die Menschen unterdrücken, um sich über sie zu erheben. Doch das ist keine dialogische Sprache und keine Sprache, die aus dem Schweigen kommt.

Was das Wort, das aus dem Schweigen kommt, bewirkt, zeigt uns eindrucksvoll der erste Schöpfungsbericht der Bibel. Am Anfang der Schöpfung war Stille. Diese Stille war ohne Struktur. Alles war wüst und wirr. (Vgl. Genesis 1,1) In diese Stille hinein hat Gott das Wort gesprochen: »Es werde Licht!« Das Wort gestaltet die Stille und formt sie. Und das Wort bringt Licht in die Welt hinein.

Es gibt Urworte, die die Stille nicht stören, sondern ihre Botschaft verstärken. Und es gibt Worte, die aus der Stille kommen und die Stille hörbar machen. Das Wort, das aus der Stille aufbricht, führt uns in die Stille. Es unterbricht die Stille nicht, sondern vertieft sie.

Es gibt Menschen, bei denen unterbricht ihr Reden die Stille nicht. Aber es gibt auch andere, die nach außen gar nicht viel sagen, bei denen man aber die innere Unruhe spürt. Wer aus der Stille heraus spricht, der wägt seine Worte ab. Er gebraucht Worte nicht, um der Stille auszuweichen. Er sagt dann Worte, wenn ihn der Geist Gottes dazu drängt. Sonst schweigt er. Er steht nicht unter Druck, etwas sagen zu müssen.

Wenn ich Schweigeseminare habe, erfahren es die Teilnehmer oft als Wohltat, bei der Mahlzeit schweigen zu können. Da spüren sie, wie sie sonst oft nur reden, damit etwas gesagt ist. Sie sprechen oft, um die unangenehme Atmosphäre des Schweigens zu durchbrechen. Aber wenn alle gemeinsam schweigen, dann entsteht eine tiefe innere Verbundenheit. Wenn die Menschen dann am Schluss des Kurses wieder miteinander sprechen, dann fühlen sie sich in den wenigen Worten mehr verbunden, als wenn sie die ganze Zeit miteinander gesprochen hätten.

Die Liturgie meditiert im Introitus – dem Eingangsgesang – zum ersten Sonntag in der Weihnachtszeit das Wort aus dem Buch der Weisheit und bezieht es auf die Menschwerdung Gottes in Jesus Christus: »Als tiefes Schweigen das All umfing und die Nacht bis zur Mitte gelangt war, da sprang dein allmächtiges Wort vom Himmel, vom königlichen Thron herab.« (Weisheit 18,14) Das Wort, das in Jesus Fleisch annimmt, kommt aus dem tiefen Schweigen Gottes.

Der Mystiker Johannes vom Kreuz interpretiert dieses Wort so: Das Wort, das Gott immerdar im ewigen Schweigen spricht, muss auch vom Menschen im Schweigen gehört werden. Es braucht die

Stille, um dieses Wort Gottes in der Tiefe des Herzens zu vernehmen. Aber dann ist es auch ein Wort, das nährt. Dann geht das Wort Jesu in Erfüllung, das er bei der Versuchung durch den Satan aus dem Buch Deuteronomium zitiert: »In der Schrift heißt es: Der Mensch lebt nicht nur von Brot, sondern von jedem Wort, das aus Gottes Mund kommt.« (Matthäus 4,4)

Wir sehnen uns heute nach Worten, die uns nähren, nach Worten, von denen wir leben können. Oft kennen wir solche Worte, die uns tief in unserer Seele berühren und die uns dann durch manche Not hindurch begleiten. Sie sind wahrhaft eine Nahrung für unsere Seele.

Sprache und Macht

Die Religionswissenschaft weiß um die Macht des Wortes. In der Frühzeit, als noch nicht so viele Worte gesagt wurden, schrieb man dem Wort immer eine wirkende Macht zu. Das Wort bewirkt, was es sagt. Das zeigt sich dann im schöpferischen Wort Gottes. Gottes Wort schafft die Wirklichkeit.

Für uns heißt das: durch unsere Worte schaffen wir ebenfalls eine Wirklichkeit. Jeder Roman schafft eine eigene Wirklichkeit. Aber auch in jedem Gespräch schaffen wir durch unsere Worte eine Wirklichkeit. Wir prägen die Atmosphäre. Wir schaffen mit unseren Worten eine bestimmte Stimmung.

Oft merken wir das im Raum. Wenn wir in einen Raum gehen, in dem ein angenehmes Gespräch geführt wird, dann fühlen wir uns darin wohl. Die Wirkung auf den Raum hält aber auch nach dem Gespräch noch an. Wenn wir in einen Raum gehen, in dem viel gestritten wurde, dann fühlen wir uns dort unwohl.

Die Sprache prägt die Räume, in denen wir leben und arbeiten. Eine versöhnte Sprache schafft eine Atmosphäre von Frieden und Versöhnung. Eine Sprache, die auf dem Hintergrund starker Verdrängung gesprochen wird, spaltet und erzeugt auch in den Räumen eine negative Stimmung. Ja, es gibt sogar Untersuchungen, dass Segensworte – gute Worte –, die über das Wasser gesprochen werden, die Struktur des Wassers verändern. Früher haben Gesundbeter Wunden besprochen und davon Heilung erwartet. Experimente zeigen, dass Worte auch Pflanzen beeinflussen können.

Die Religionswissenschaft unterscheidet zwischen Segens- und Fluchworten, zwischen Eid und Beschwörungsformel. Und sie kennt Zaubersprüche und magische Worte. Wenn im Alten Testament Isaak seinen Sohn Jakob segnet, dann wirken diese Worte, was sie besagen. Jakob kann die gleichen Worte dann nicht mehr seinem erstgeborenen Sohn Esau sagen, dem diese Worte eigentlich gegolten hätten. Worte können nicht rückgängig gemacht werden.

Segensworte bewirken, was sie verheißen. Aber auch Fluchworte haben ihre Wirkung. Wir sprechen heute kaum mehr davon, dass ein Vater beispielsweise seine Tochter verflucht, weil sie einen anderen Weg geht, als er sich vorgestellt hat. Früher hat man dem Fluchen und dem Verwünschen eine magische Wirkung zugeschrieben. Fluchworte verstehen wir heute als verletzende und ablehnende Worte. Wir wünschen dem anderen Unheil und Unglück.

Wir wissen aus der Psychologie, wie solche Worte in der Seele des Menschen eine starke Wirkung erzeugen. Wir glauben heute nicht mehr an die magische Wirkung der Fluchworte. Aber die psychologische Wirkung solcher Worte erkennen wir in zahlreichen Therapien. Dort müssen die Menschen, die solche negativen Worte gehört haben, die Macht dieser Worte auflösen. Und sie bekommen die Aufgabe – anstatt sich auf die Fluchworte zu konzentrieren – Segensworte aufzuschreiben, die sie von ihren Eltern oder von Lehrern und Erziehern gehört haben. Die Segensworte sollen sie dann tief in das eigene Herz eindringen lassen, damit sie die Fluchworte aus dem Herzen vertreiben oder ihnen zumindest ihre Macht nehmen.

Bei Kursen lasse ich die Menschen aufschreiben, welche Segens- und welche Fluchworte sie in ihrer Kindheit gehört haben. Bei manchen überwiegen die Segensworte wie: »Du bist ein Engel.« – »Es ist gut, dass es dich gibt.« – »Du bist ein Sonnenschein für die Familie.« Andere erinnern sich vor allem an die Fluchworte wie: »Du bist ein unerwünschtes Kind.« – »Du bist eine Last für die Familie.« –

»Du bist unmöglich.« – »Du bist böse.« – »Du kannst gar nicht unser Kind sein, du siehst ganz anders aus.« Ja, eine Frau sagte mir, ihr Vater habe sie ein »Kind des Teufels« genannt.

Solche Fluchworte setzen sich tief im Herzen fest. Und es braucht oft lange, sie zu entkräften. Dazu kann man sich an Gottes Segensworte erinnern: »Du bist mein geliebter Sohn. Du bist meine geliebte Tochter. An dir habe ich mein Wohlgefallen.« Aber damit dieses Wort ein Fluchwort auflöst, muss es tief in das Unbewusste eindringen, um dort in der Tiefe die Fluchworte zu entmachten und als Segenswort in uns zu wirken.

Das deutsche Wort »beschwören« hat zwei Bedeutungen: einmal »unter Eid schwören« und zum anderen »durch Zauberformeln in den Griff bekommen«. Wer einen Eid schwört, der bindet sich an sein Wort. Er kann das Wort nicht mehr rückgängig machen. Sonst würde er einen Meineid schwören.

Mit Zauberformeln etwas beschwören war früher ein Weg, über etwas Macht zu bekommen. Man traute den Zauberformeln zu, dass sie bewirken, was sie sagen. Man spricht hier von Magie: Die Worte haben eine magische Wirkung. Sie schaffen das, was sie zum Ausdruck bringen. Daher haben die Menschen oft Angst vor solchen Worten.

Der Evangelist Markus berichtet uns, dass bei der ersten Predigt Jesu in Kafarnaum ein Mann mit einem unreinen Geist sitzt. Dieser unreine Geist will auch Macht über Jesus erlangen, indem er ihn beim Namen nennt: »Ich weiß, wer du bist: der Heilige Gottes.« (Markus 1,24) Die Macht über den Namen kennen wir ja auch im Märchen, etwa bei »Rumpelstilzchen«. Jesus predigt mit Vollmacht. Da hat der unreine Geist keine Macht über den Mann. Und Jesus befiehlt ihm: »Schweig und verlass ihn!« (Markus 1,25) Durch sein Wort entmachtet Jesus das magische Wort des Dämons.

Wenn wir in unsere Zeit gehen, so spüren wir die Macht der Sprache in anderen Bereichen. Politiker und Journalisten können durch ihre Sprache Macht ausüben. Sie bestimmen die Sprachregelung über bestimmte Themen. Wenn so eine Sprachregelung sich durchgesetzt hat, ist es kaum möglich, anders zu argumentieren und anders über den Sachverhalt zu sprechen. Oft hat dieses Sprechen eine demagogische Wirkung.

Als Paul Kirchhof für die CDU kandidierte und im Jahr 2001 mit einer Arbeitsgruppe ein neues Steuersystem präsentierte, hat Gerhard Schröder das mit seiner Sprachregelung vom Tisch gewischt: »Da gibt es diesen Professor aus Heidelberg!« Das war so verächtlich, dass Kirchhof trotz seiner intelligenten Vorschläge keine Chance mehr hatte. An solchen Begebenheiten merkt man, wie demagogische Worte alle Argumente entwerten und überspielen können.

Worte, die lächerlich machen, haben eine Macht, gegen die sich derjenige kaum wehren kann, der lächerlich gemacht wird. Doch solche Worte beherrschen die Stimmung. Und von solchen Worten ist abhängig, wer schließlich im Staat an die Regierung kommt. Oft sind es Schlagworte, die ein sachliches Denken verhindern.

In der Debatte um eine kindgerechte Erziehung haben Psychologen, die die Mutterpräsenz in den ersten Jahren des Kindes betonen, keine Chance, sich zu Wort zu melden. Sie werden sofort durch die drei Schlagworte, »Kinder, Küche, Kirche« lächerlich gemacht und in eine erzkonservative Ecke gestellt. Da spürt man, welche Macht Worte haben und wie sie ein sachliches Gespräch oft verhindern.

Adolf Hitler hat mit seiner demagogischen Sprache ein ganzes Volk verhext. Die Worte, die damals aus jedem Radio ertönten, prägten die Stimmung des Volkes. Sie brachen mit Tabus und erzeugten auch bei gebildeten Menschen Verhaltensweisen, die kein Gymnasiallehrer seinen Schülern jemals zugetraut hätte. Wir merken oft gar nicht, wie unser Denken durch die Sprache geprägt wird, die täglich auf uns einströmt – aus den Zeitungen oder aus Radio und Fernsehen oder aus dem Internet. Wer geschickt mit Sprache umgeht, der bestimmt die Meinung einer Gesellschaft.

Heute zeigt sich die Macht der Sprache noch auf andere Weise. In vielen Firmen – auch wenn die Mehrzahl der Angestellten Deutsche sind – ist heute Englisch die Firmensprache. Das führt dazu, dass die Mitarbeiter, die am besten Englisch können, den größten Einfluss haben. Macht haben diejenigen, die die englische Sprache beherrschen. In Diskussionen halten sich diejenigen zurück, die nicht so gut Englisch können. Manchmal lassen die Führungskräfte mit guten Sprachkenntnissen die anderen spüren, dass sie »nichts zu sagen« haben.

Eine negative Gewalt übt das Wort in der Lüge aus. Jesus nennt im Johannesevangelium den Teufel den Vater der Lüge. Und er ist ein Menschenmörder. (Vgl. Johannes 8,44) Wer lügt, schadet dem Menschen und tötet ihn letztlich in seiner Wahrhaftigkeit. Der Altabt von Schweiklberg, Christian Schütz, interpretiert dieses Wort so, dass alle Sünden immer auch Sprachsünden sind und dass die Sprachsünden die anderen Sünden ankündigen: »Zuerst ›Juda verrecke‹, dann Auschwitz; zuerst wird allem außermenschlichen Leben die Seele abgesprochen (vgl. Descartes), dann wird es vom entfesselten Industrialismus de facto entseelt.« (Schütz/Nestle 1440f)

Wie viel Macht die Lüge hat, wie viel Macht aber auch die wahrhaftige Sprache haben kann, das hat Alexander Solschenizyn eindruckvoll in einem offenen Brief ausgedrückt, den er im Jahre 1974 geschrieben hat. Er meint, die Gewalt braucht, um ihre Macht zu erhalten, die Lüge. »Gewalt kann sich hinter nichts anderem verbergen als hinter der Lüge, und die Lüge kann sich nur durch Gewalt halten.« (Solschenizyn 61)

Doch die Lüge verliert ihre Macht, wenn wir nicht mitlügen. Für uns ist es der leichteste Weg »und der zerstörerischste für die Lüge. Denn wenn die Menschen von der Lüge Abstand nehmen – dann hört sie einfach auf zu existieren.« (Ebd. 61) Der Lüge ihre

Macht nehmen, das heißt für Alexander Solschenizyn, »in Zukunft keinen einzigen Satz, der seiner Ansicht nach die Wahrheit entstellt, schreiben, unterschreiben oder drucken; ... einen solchen Satz weder im privaten Gespräch noch vor einem Auditorium, weder im eigenen Namen noch nach vorbereitetem Text noch in der Rolle des politischen Redners, des Lehrers und des Erziehers noch nach einem Bühnenmanuskript aussprechen«. (Ebd. 62)

Alexander Solschenizyn vertraut darauf, dass Menschen, die aus dem Machtkarussell der Lüge aussteigen, das Land verändern. Seine optimistischen Worte wollen auch uns heute ermutigen, dass wir nicht beim Jammern über die öffentliche Sprache stehen bleiben, sondern dass wir selbst beginnen, eine wahrhaftige Sprache zu sprechen. Dann – so sagt Alexander Solschenizyn voller Hoffnung – »werden wir unser Land nicht wieder erkennen!«. (Ebd. 63)

Die zu seltenen Worte, die von Herzen kommen

Wir können nicht immer aus dem Herzen sprechen. Aber gerade bei bestimmten Gelegenheiten sollten wir das sagen, was uns auf dem Herzen liegt und was von Herzen kommt. Das könnte beispielsweise ein Geburtstagsritual sein.

An einem Geburtstag können wir die üblichen Glückwunschfloskeln sagen. Oder aber wir können das sagen, was wir schon lange einmal sagen wollten, uns aber nie getraut haben – aus Angst, wir würden zu sehr unser Herz vor den anderen öffnen. So ein Ritual ist eine gute Gelegenheit, dem Geburtstagskind etwas zu sagen, was von Herzen kommt. Die Worte sollen keine Lobhudelei sein, sondern zum Ausdruck bringen, was wir beim anderen beobachtet haben, was er uns bedeutet, was er uns schenkt und was wir bei ihm ermutigend finden. Und es sollen Worte sein, die dem anderen das wünschen, was wir ihm aus tiefstem Herzen gönnen.

Wir finden dann die richtigen Worte, wenn wir uns in den anderen hineinversetzen und wenn wir auch auf das eigene Herz hören: Was für einen Geschmack hinterlässt der andere in unserem Herzen? Welchen Klang hören wir, wenn wir im Blick auf den anderen in uns hineinhorchen?

Die Oberflächlichkeit von Worten erlebe ich oft bei Abschiedssituationen. Und wie wohltuend ist es dann, wenn wirklich Worte gesagt werden, die sonst nie gesagt werden. Das gilt für den Abschied nach einem Urlaub, für den Abschied nach einem längeren Zusammensein, für den Abschied von der Firma oder von den Nachbarn, die wegziehen. Wenn in der Firma ein Abteilungsleiter verabschiedet wird, weil er von der Firmenleitung abgeschoben wird, dann werden oft unehrliche Worte gesagt. Der Abteilungsleiter wird »weggelobt«. Doch er selbst empfindet die unehrlichen Worte als Hohn. Er fühlt sich verletzt. Oft werden jedoch gar keine Worte gefunden, um den Abschied auszudrücken. Das tut auch weh, und es zeigt, dass in dieser Firma keine Kultur des Miteinanders und keine Wertschätzung vorhanden ist.

Besonders wichtig sind Worte, die aus dem Herzen kommen, beim endgültigen Abschied im Sterben. Ärzte erzählen mir, dass die Angehörigen eines Schwerkranken den Ärzten oft verbieten, ihm die Wahrheit über seinen Zustand zu sagen. Die Angehörigen wissen zwar, dass der andere bald sterben wird. Aber sie tun so, als ob alles in Ordnung sei. Sie reden oberflächlich vom nächsten Ausflug, den sie machen würden, sobald der Kranke nach Hause komme. Doch der Kranke weiß, dass er nie wieder nach Hause kommen wird. Sie reden nur belanglose Dinge mit dem Kranken. Der aber sehnt sich, über das Eigentliche zu sprechen. Er würde gerne sagen, was er als letzte Worte und als Vermächtnis den anderen hinterlassen möchte, er würde ihnen gerne seinen Segen zusprechen.

In ein oberflächliches Gerede hinein kann man diese Herzensworte gar nicht aussprechen. Da bleibt einem das Wort im Hals stecken. Doch sobald der Kranke wirklich gestorben ist, erkennen die Angehörigen, welche Chance sie vertan haben.

Es gibt für bestimmte Worte eine bestimmte Zeit. Wenn dieser Augenblick vertan ist, kann man die Worte nicht mehr sagen. Der Abschied von einem Sterbenden zeigt das in aller Deutlichkeit. Ein gelungener Abschied würde darin bestehen, dass der Sterbende die Worte sagt, die er in seinem Leben nie ausgedrückt hat, dass er den Angehörigen und Freunden dankt, dass er ihnen sagt, was sie ihm bedeutet haben, und dass er sie segnet.

Segnende Worte eines sterbenden Menschen sind wahrhaftig Worte, die aus dem Herzen kommen und zu Herzen gehen. Nach dem Tod ohne einen solchen Abschied fällt es den Angehörigen oft wie Schuppen von den Augen. Sie erkennen, was sie versäumt haben und welche Worte ungesagt geblieben sind. Sie haben dem Sterbenden nicht gesagt, welch ein Segen er für sie war, was er für sie ausgestrahlt hat und was er ihnen bedeutet hat. Und sie haben ihm keine guten Wünsche mit auf den letzten Weg gegeben.

Solche ungesagten Worte hinterlassen in den Angehörigen Schuldgefühle. Es bleibt ein Trauerkloß im Hals stecken. Die Worte, die im Hals steckten, konnten nicht ausgesprochen werden. So blockieren sie jetzt den Hals. Jetzt erkennt man, welche Chance in einem Abschied liegt: Worte zu sagen, die aus dem Herzen kommen und das Herz des anderen berühren.

Was vom endgültigen Abschied im Tod gilt, das ist auch gültig für viele andere Abschiede. Der Abschied ist eine Gelegenheit, die Worte zu sagen, die ich dem anderen schon lange sagen wollte: wie wertvoll er für mich ist, was ich durch ihn gelernt habe, wie er mein Herz berührt hat.

Abschied ist ein Loslassen. Aber dieses Loslassen und Auseinandergehen soll von guten Worten begleitet werden. Diese guten Worte schaffen trotz aller äußeren Entfernung eine neue Verbundenheit und Nähe, die vielleicht vor dem Abschied nicht bestanden hat. Und die Abschiedsworte schließen einen Lebensabschnitt ab. Sie runden ihn ab. Und so kann man ihn besser loslassen.

Auch in der Ehe werden oft die Augenblicke versäumt, in denen die Eheleute einander Worte sagen könnten, die von Herzen kommen. Dort wird oft zu sehr über das Alltägliche gesprochen, sodass die persönlichen Worte zu kurz kommen.

Auch in der Ehe gibt es die rechte Zeit für das rechte Wort, etwa die täglichen Rituale des Abschieds, wenn man in die Arbeit fährt, oder die Rituale von Geburtstag und Namenstag, das Sonntagsritual oder der Urlaub. Oder aber das wöchentliche Gesprächsritual, in dem sich das Ehepaar Zeit für das persönliche Gespräch nimmt. Manche Paare wehren sich dagegen. Sie meinen, sie hätten ja tagsüber immer mal Zeit, das Eigentliche anzusprechen. Aber sie sprechen es nicht an. Die Abwehr gegen das wöchentliche Gesprächsritual zeigt oft den Widerstand, Gefühle zu zeigen und sich im Gespräch dem anderen offen auszusetzen.

Die Menschen in der Kirche, in einem Gottesdienst, erwarten in der Predigt auch Worte, die von Herzen kommen und die ihr Herz berühren. Es ist wohl der schönste Dank, den die Zuhörer einem Prediger ausdrücken können, wenn sie ihm sagen, seine Predigt habe ihr Herz berührt.

Jesus hat offensichtlich so zu den Menschen gesprochen, dass sie in ihren Herzen berührt wurden und dass ihr Herz sogar zu brennen anfing, wenn Jesus mit den Menschen sprach. Wir können Jesus nicht kopieren. Aber aus dem Herzen sprechen, das können wir alle.

Dazu braucht es den Mut, seine eigenen Gefühle zu zeigen, ohne die anderen mit seinen Gefühlen zu überschwemmen. Es gibt auch sentimentale Predigten, die eher unangenehm beim Hörer aufstoßen. Die Gefühle müssen echt sein. Und sie müssen aus dem Herzen fließen, nicht bewusst eingesetzt werden, um die Gefühle des anderen aufzureißen.

Von den Herzworten gilt das, was Jesus vom Wort Gottes gesagt hat: »Der Mensch lebt nicht vom Brot allein, sondern von jedem Wort, das aus dem Munde Gottes – das aus dem Herzen eines Menschen – kommt.«

Wir sehnen uns nach solchen Worten, die unser Herz berühren. Das gilt nicht nur für die Predigt, nicht nur für die Beziehung zwischen Ehepartnern, nicht nur für die Erziehung von Kindern, es gilt auch für die nüchternen Bereiche der Arbeit.

Die Mitarbeiter merken genau, ob der Chef nur einen Rhetorikkurs besucht hat oder ob seine Worte aus dem Herzen kommen. Und nur dort, wo seine Worte aus dem Herzen kommen, werden die Mitarbeiter berührt und letztlich auch motiviert. Von Worten, die bewusst gewählt sind, um eine bestimmte Wirkung zu erzielen, fühlen sie sich manipuliert. Und sie reagieren eher abwehrend darauf. Sie schützen sich gegen solche Worte.

Wo Worte aus dem Herzen kommen, dort entsteht auch eine herzliche Atmosphäre. Das gilt für die Arbeit, das gilt für jede Begrüßung und Begegnung.

Wirkworte – Wandelnde Worte

Der Schweizer Psychoanalytiker Peter Schellenbaum spricht von Wirkworten. Worte haben eine Wirkung im Menschen. Er spricht vor allem vom Wort »Gott« als einem Wirkwort und grenzt es gegenüber Sachworten ab. Wenn Gott ein Sachwort wird, dann kann man darüber streiten, ob Gott existiert oder nicht, welche Eigenschaften er hat und welche nicht. Doch solche Worte gehen oft an den Menschen vorbei. Sie berühren sie nicht.

Gott als Wirkwort wirkt auf die menschliche Seele. »Die Wirkung, die mich ein Wort als Gotteswort und ein Bild als Gottesbild bezeichnen lässt, ist die einer völligen Wandlung des Ich auf eine umfassendere und zentralere Persönlichkeit hin, die wir im Anschluss an das Atman der Inder als das Selbst bezeichnen.« (Schellenbaum 28) Gott als Wirkwort sprengt die Einsamkeit im Ich. »Es ist das Wirkwort der Beziehung.« (Ebd. 29) Gott ist immer ein Du, das mich anspricht, das mich in Beziehung mit mir selbst bringt. Ähnlich wie Gott ist auch die Liebe ein Wirkwort und kein Sachwort. Schellenbaum meint, Wirkworte seien deshalb so wichtig, weil ohne sie der Einzelne in der Sprachlosigkeit versinken würde. (Vgl. ebd. 34f)

Für die psychische Gesundheit ist es wichtig, dass wir solche Wirkworte wie *Gott* und *Liebe* auf uns wirken lassen. Sie bringen uns in Berührung mit dem Grund unserer Seele, mit der inneren Quelle, aus der wir schöpfen, um unser Leben zu meistern.

Jesus selbst hat viele solcher Wirkworte gesprochen. Wenn er zu dem Aussätzigen, der sich selbst nicht annehmen kann, sagt: »Ich will es – werde rein!«, dann erlebt sich der Aussätzige anders, dann vermag er sich auf einmal selbst anzunehmen und erfährt sich als rein. (Vgl. Markus 1,40ff) Jesus sagt zu dem Gelähmten »Steh auf, nimm dein Bett und geh nach Hause!« Das Wort wirkt, was es besagt. Es bringt den Gelähmten zum Aufstehen und Gehen. (Vgl. Mk 2,1–12) Zu dem Mann mit der verdorrten Hand sagt Jesus »Streck deine Hand aus!«. Und »er streckte sie aus, und seine Hand war wieder gesund«. (Markus 3,5) Der Mann, der sich vorher nur angepasst hat, um sich die Finger nicht zu verbrennen, bekommt auf einmal den Mut, sein Leben selbst in die Hand zu nehmen und das mit seiner Hand zu gestalten, was sich ihm darbietet. In vielen Heilungsgeschichten spricht Jesus ein Wort zum Kranken. Und das Wort macht gesund. Das Wort bewirkt, was es aussagt.

Eine wunderbare Geschichte von der Macht des Wortes erzählt uns Lukas. Da gibt es einen römischen Hauptmann, dessen Diener todkrank ist. Der Hauptmann schickt einige jüdische Älteste zu Jesus mit der Bitte, seinen Sohn zu heilen. Jesus geht mit ihnen. Doch als er schon nahe am Haus des Hauptmanns ist, schickt dieser Freunde zu Jesus und lässt ihm sagen: »Herr, bemühe dich nicht! Denn ich bin es nicht wert, dass du mein Haus betrittst. Deshalb habe ich mich auch nicht für würdig gehalten, selbst zu dir zu kommen. Sprich nur ein Wort, dann muss mein Diener gesund werden.« (Lukas 7,6f)

Diese Geschichte hat die Liturgie aufgegriffen. Sie lässt die Gläubigen die Worte des heidnischen Hauptmanns vor der Kommunion sagen. Manche stoßen sich bei diesem Wort vor allem an dem »Ich bin nicht würdig«. Das Wort erinnert sie an all die Entwertungen, die sie oft in ihrer Erziehung und auch manchmal in ihrer religiösen Unterweisung erfahren haben – als ob sie nicht würdig seien, zu Gott zu kommen.

Doch wenn wir die biblische Geschichte lesen, spüren wir, dass der Hauptmann voller Selbstvertrauen ist. Und die Geschichte lädt uns ein, uns in die Gestalt des Hauptmanns – also in eine Respektsperson, in eine starke Persönlichkeit – zu versetzen. Er entwürdigt sich mit seinem Wort nicht, sondern er würdigt den, der zu ihm kommen will. Er zeigt seine Ehrfurcht vor dem ganz anderen, der ihm in Jesus begegnet. Der Hauptmann ist ein Römer und damit sowohl für die Juden als auch später für die Christen ein Heide. Er zeigt unsere innere Fremde von Gott. Bei aller Frömmigkeit ist uns Gott immer noch der Fremde und ganz Andere geblieben.

Wie der Hauptmann bekennen wir, dass wir es nicht wert sind, dass Jesus in unser Haus eintritt: »Herr, ich bin nicht würdig, dass du eintrittst unter mein Dach. Aber sprich nur ein Wort, so wird meine Seele gesund.« Das, was in der Heilungsgeschichte geschehen ist, soll in der Kommunion an uns geschehen. Nicht unser Diener, sondern unsere Seele soll gesund werden.

Im Gegensatz zur biblischen Geschichte *wird* aber Jesus in unser Haus eintreten. Doch bevor er eintritt, möge er sein Wort sprechen, das unsere Seele heil und gesund macht. Jesus ist das fleischgewordene Wort Gottes. Er spricht nicht nur ein Wort zu uns. Er, das Wort Gottes, wird in der Kommunion in unser Lebenshaus kommen und alle Räume unseres inneren Hauses »durchworten«: Er wird sein heilendes und verwandelndes Wort in alle Kammern unserer Seele sprechen, damit wir ganz und gar gesund werden. Und in diesem fleischgewordenen Wort wird uns die menschgewordene Liebe Gottes durchdringen und verwandeln.

Dieses Wort, das die Liturgie für die Kommunion ausgewählt hat, hat nichts mit Entwürdigung zu tun, sondern mit der Dankbarkeit und der Ehrfurcht vor dem heilenden Geschehen, das sich ereignet, wenn Jesus in mein Seelenhaus eintritt und mein Selbst gesund, heil und ganz macht.

Was die Liturgie diesem heilenden Wort Jesu zutraut, das hat die heutige Psychologie auch von Worten erkannt, die wir sprechen. Es gibt nicht nur die heilenden Worte, die ein anderer uns zuspricht, die uns aufrichten und gesund machen. Die Worte, die wir selbst sprechen, können uns entweder krank oder gesund machen. Das gilt etwa von negativen Einreden, mit denen wir uns ständig lähmen. Wenn ich beispielsweise bei allem, was ich tue, sage: »Ich habe Angst. Das kann ich nicht. Was denken die anderen von mir?«, verstärken diese Worte die Angst, die in mir ist.

Ich kann dann in diese Worte der Angst Worte des Vertrauens hineinsprechen, wie etwa den Psalmvers: »Der Herr ist mit mir, ich fürchte mich nicht. Was können Menschen mir antun?« (Psalm 118,6) Dann bringt mich dieses Wort mit dem Vertrauen in Berührung, das auf dem Grund meiner Seele schon in mir ist.

Es gibt aber noch einen anderen Weg, durch die Veränderung der Sprache seine eigene innere Einstellung zu verwandeln. Wenn ich im Begleitungsgespräch genau hinhöre, was der andere sagt, dann erkenne ich oft in der Art und Weise, wie er sich ausdrückt, seine negative Lebenseinstellung, seine Selbstablehnung und seine Hoffnungslosigkeit. Ein Weg der Heilung besteht darin, bewusst manche Redewendungen durch andere zu ersetzen. Ich kann etwa immer dann, wenn ich mir selbst Angst einrede – »Das ist alles zu viel, das schaffe ich nie« – bewusst diese Worte sprechen: »Ich schaff das schon. Mit Gottes Hilfe wird es gelingen.«

Das scheint eine äußere Lösung zu sein. Aber indem ich an meiner Sprache arbeite, wandelt sich auch meine Seele. Die Sprache wirkt auf mich. Negative Worte, ständige Verneinungen, befürchtende Worte, Worte, die überall das Unheil sehen, ziehen meine Seele nach unten. Indem ich eine andere Sprache einübe, kann sich auch meine Seele wandeln. Dies ist oft ein langsamer Prozess. Der erste Schritt ist erst einmal wahrzunehmen, wie ich spreche und was ich sage. Dann kann ich mir überlegen, ob ich manche Worte bewusst vermeide und dafür andere Worte spreche. Mit der Zeit wird dann eine innere Wandlung in mir geschehen. Die neuen Worte wirken dann heilsam auf mich.

Die wandelnde Kraft von Worten erfahren wir im Sakrament. Dort hat das Wort eine verwandelnde Kraft. In der Eucharistie hebt der Priester seine Hände über die Gaben von Brot und Wein und bittet: »Sende deinen heiligen Geist über diese Gaben herab und heilige sie, damit sie uns werden Leib und Blut deines Sohnes, unseres Herrn Jesus Christus.« Und indem er diese Worte spricht, werden Brot und Wein zu Leib und Blut Jesu Christi verwandelt.

Wenn der Priester in der Beichte spricht: »Ich spreche dich los von deinen Sünden«, dann geschieht in diesem Augenblick Vergebung. Das Sichtbare wird zum Zeichen für das Unsichtbare. Das Wort bewirkt, was es ausdrückt. Es verwandelt meine Situation, egal ob das in der Taufe oder Firmung oder Krankensalbung geschieht.

Die sakramentale Wandlungskraft der Worte erfüllt das, was sich die Menschen in früheren Zeiten von magischen Worten erwartet hatten. Die Sakramente sind keine Magie. Aber wir dürfen vertrauen, dass ihre Worte nicht nur fromme Worte bleiben, sondern bewirken, was sie sagen, weil sie in der Vollmacht Jesu Christi gesprochen werden.

Die Worte, die im Sakrament gesprochen werden, wollen aber nicht nur Brot und Wein verwandeln, sondern mein ganzes Leben. Die Wirkkraft sakramentaler Worte soll sich im Alltag ausdrücken. »Deine Sünden sind dir vergeben« soll mich im Alltag erinnern, wenn ich mich selbst innerlich beschuldige. Dann befreit dieses Wort mich vom Mechanismus der Selbstvorwürfe, und es befähigt mich, mir selbst zu vergeben.

Und wenn ich in der Tretmühle des Alltags stehe, dann kann mich das verwandelnde Wort der Eucharistie daran erinnern, dass mitten im Chaos des Alltags Christus selbst gegenwärtig ist. Und wenn er mit seinem Geist und seiner Liebe meinen Alltag durchdringt, wird dieser anders. Dann wird das Banale zum Ort der Gottesbegegnung, und das, was an mir zehrt, wird zu einem Brot, das mich nährt.

Es ist gut, sich die wandelnden Wirkworte der Sakramente immer wieder im Alltag vorzusagen, damit sie jetzt diesen Augenblick verwandeln, der dann nicht mehr von krankmachenden Worten bestimmt wird, sondern von den heilenden Worten, die mir im Sakrament zugesprochen sind.

Von dieser wandelnden Wirkkraft des Wortes Gottes hat schon die Bibel gesprochen. Da heißt es beim Propheten Jesaja: »Denn wie der Regen und der Schnee vom Himmel fällt und nicht dorthin zurückkehrt, sondern die Erde tränkt und sie zum Keimen und Sprossen bringt, wie er dem Sämann Samen gibt und Brot zum Essen, so ist es auch mit dem Wort, das meinen Mund verlässt: Es kehrt nicht leer zu mir zurück, sondern bewirkt, was ich will, und erreicht all das, wozu ich es ausgesandt habe.« (Jesaja 55,10f)

Dieser Vers gilt vom Wort, das Gott zu uns spricht, aber auch von dem Wort Gottes, das wir in seinem Namen verkünden. Dieser Vers sollte den Verkündern Vertrauen und Hoffnung schenken, dass ihre Worte nicht umsonst bleiben. Auch wenn ihre Worte für den ersten Augenblick an vielen Ohren vorbeirauschen, so bewirken sie doch in den meisten Zuhörern etwas.

Dieses Wirken wird nicht sofort sichtbar, so wie das Keimen nach dem Regen auch nicht sofort sichtbar wird. Aber oft keimen diese Worte dann auf, wenn der Mensch in eine Krise gerät, wenn der Ackerboden seiner Seele durch äußere Umbrüche aufgebrochen wird.

Die Mönche haben Worte der Bibel immer wieder meditiert, sie sich mitten im Alltag vorgesagt, damit diese Worte ihr Denken prägen.

Wenn ich ein Wort der Bibel in eine konkrete Situation des Alltags hineinhalte, dann verwandelt sich diese Situation. Ich sage mir beispielsweise vor: »Der Herr ist mein Hirt, nichts wird mir fehlen.« Ich muss das Wort gar nicht glauben. Ich halte es in die Situation hinein, in der ich mich vom Chef, von meinem Ehepartner, von einer Freundin übersehen fühle. Und ich frage mich dann: Wenn dieses Wort stimmt, wie erlebe ich dann die Verletzung durch das Übersehenwerden? Spüre ich dann nicht eine andere Wirklichkeit in mir selbst? Und die Verletzung relativiert sich. Ich spüre: Wenn Christus in mir ist, wenn er mein Hirte ist, dann fehlt mir nichts. Dann wandelt sich meine Bedürftigkeit nach Gesehenwerden und Anerkanntwerden. Das Bedürfnis ist da, aber es verliert seine Macht über mich. Das Wort Gottes verwandelt meine Selbsterfahrung.

Paulus nennt das Wort Gottes »eine Kraft Gottes, die jeden rettet, der glaubt, zuerst den Juden, aber ebenso den Griechen«. (Römerbrief 1,16) Das Wort Gottes verändert demnach nicht nur den Kirchenraum. Es hat auch eine Kraft in sich, die die Griechen verwandelt, die die Herzen der Heiden berührt, weil es ihre Sehnsucht anspricht. Es ist ein Wort, das aufrichtet und tröstet. (Vgl. Jeremia 29,10)

Der zweite Timotheusbrief mahnt den Verkünder: »Verkünde das Wort, tritt dafür ein, ob man es hören will oder nicht.« (4,2) Ich kenne Priester, die dem Wort Gottes nichts mehr zutrauen. Sie meinen, es sei eine fremde Sprache, die die Menschen nicht berühre. Für mich kommt es darauf an, diese Worte der Evangelien und Lesungen so überzeugend zu verkünden, dass die Hörer spüren: Diese Worte werden nicht einfach vorgelesen. Sie sind durch das glaubende und suchende Herz des Vortragenden hindurchgegangen. Und der Prediger vertraut darauf, dass dieses Wort auch in den Hörern jetzt in diesem Augenblick etwas zu bewirken vermag.

Worte und Gebet

Im Gebet sprechen wir mit Gott. Viele Menschen wissen nicht mehr, welche Sprache sie mit Gott sprechen sollen. Sie kennen noch Kindergebete. Aber sobald sie persönlich mit Gott sprechen wollen, fallen ihnen oft nur banale Worte ein. Wenn sie diese Worte sagen, merken sie, dass es nur Worthülsen sind, aber dass sie die wirkliche Sprache Gott gegenüber verloren haben.

Wir können uns in solchen Situationen die Worte zu Hilfe nehmen, die uns die Bibel selbst für das Gebet bereithält. Dies sind vor allem die Psalmen. Aber auch deren Sprache ist vielen Menschen fremd. Psalmen enthalten oft gar keine frommen Worte, sondern Worte, die unsere Emotionen ausdrücken: unsere Enttäuschung, unsere Verzweiflung, unsere Angst, aber auch unser Vertrauen und unsere Hoffnung und Liebe.

Der frühchristliche Abt und Schriftsteller Johannes Cassian meint, indem wir die Psalmen beteten, würden wir sie gleichsam selbst dichten. Sie werden so zu unseren eigenen Worten. Mit diesen vorgeformten Worten drücken wir unser eigenes Leben aus und bringen es vor Gott zur Sprache. Die Worte der Psalmen sind Worte, die uns mit unserer eigenen Seele in Berührung bringen – auch mit den Bereichen, die wir oft vor Gott verstecken möchten, weil sie nicht so angenehm sind. Drei Aspekte sind mir an der Sprache der Psalmen wichtig:

Notker Füglister, mein Lehrer für das Alte Testament in Sant' Anselmo in Rom, weist immer wieder darauf hin, dass die Sprache der Psalmen *zum ersten* eine evozierende Sprache ist. Die Sprache der Psalmen ruft in mir Gefühle hervor, die ich verdrängt habe. Sie bringt mich mit Erfahrungen in Berührung, die ich ins Unbewusste abgelegt habe. Sie eröffnet in meiner Seele Erfahrungsräume, die im Alltag oft verschlossen sind.

Die Sprache der Psalmen ist zwar eine vorgegebene Sprache, aber doch eine Sprache, die meine eigenen tiefsten Sehnsüchte, Bedürfnisse, Ängste, Bedrängnisse zum Ausdruck bringt.

Zum zweiten ist die Sprache der Psalmen eine angereicherte Sprache. Sie ist angereichert worden durch die vielen Beter, die diese Psalmen während der letzten dreitausend Jahre gebetet haben. Auch Jesus hat diese Psalmen gebetet. In diesen Worten können wir demnach auch mit denjenigen Erfahrungen eins werden, die Jesus mit seinem Gott gemacht hat: mit seinen Zweifeln, seiner Verlassenheit, aber auch mit seinem abgrundtiefen Vertrauen. Die Sprache der Psalmen führt uns mitten ins Herz Jesu hinein.

Der heilige Augustinus empfiehlt uns daher, die Psalmen gemeinsam mit Jesus zu beten, um so im Sprechen dieser Worte mit Jesu Gesinnung eins zu werden. Aber wir beten die Psalmen auch immer im Bewusstsein, dass dreitausend Jahre lang fromme Juden und Christen diese Worte gebetet und damit ihr Leben gemeistert haben. Sie haben diese Worte gebetet, als sie verzweifelt waren, als Hunger und Krieg ihnen das Leben schwer machten, in Krankheit und Not, aber auch in Freude und Jubel. Indem wir diese Psalmworte heute beten, haben wir teil an den Wurzeln aller Frommen, die uns vorangegangen sind.

Als *dritten Aspekt* der Psalmensprache nennt Notker Füglister die Bildhaftigkeit. Die Bildersprache der Psalmen richtet sich an den ganzen Menschen. Sie spricht nicht nur seinen Verstand an, sondern auch seine Sinne, seine Phantasie und sein Herz. Und die bildhafte

Sprache der Psalmen ist zeitlos. Sie spricht auch uns heute an, weil sie archetypische Bilder in unserer Seele zum Klingen bringt.

Von der bildhaften Sprache der Psalmen geht eine heilende Wirkung auf den Menschen aus. Füglister zitiert Romano Guardini, der darüber klagt, dass in unserer Zeit die Bilder durch Begriffe ersetzt worden sind: »Wer tiefer schaut, weiß, welch ein Unsinn das ist. In Wahrheit wird der Mensch auf diese Weise krank, denn sein inneres Wesen kann nur aus Bildern leben.« (Füglister 103)

Die Sprache der Psalmen ist in sich schon Zwiegespräch. Ich sage Gott meine Anliegen, ich halte ihm mein Herz hin. Und zugleich höre ich auf das, was Gott mir sagt. Manchmal bin ich mehr mit mir und meinen Fragen beschäftigt, manchmal geht mir in den Worten auf, was Gott mir sagen möchte. Dann höre ich wunderbare Zusagen Gottes. Und auf einmal kann ich an seine Liebe glauben. In den gleichen Worten spreche ich mich aus und höre auf Gottes Antwort. Es ist letztlich ein Zwiegespräch vor Gott und in Gott. Die Worte führen mich in Gott hinein. Ich spreche nicht nur meine Befindlichkeit aus, sondern Gottes heilige Worte, die mich mit Gottes heiligem Geist erfüllen.

Jesus selbst hat uns Worte mitgegeben, damit wir wissen, wie wir beten sollen. Es ist das Vaterunser, das seit dem 1. Jahrhundert von allen Christen mindestens dreimal am Tag gebetet wurde, um immer tiefer in den Geist Jesu hineinzuwachsen. Indem wir die Worte Jesu beten, haben wir Anteil an seiner Beziehung zu Gott.

Für viele Menschen sind die Worte des Vaterunsers heute eine fremde Sprache. Aber gerade in diesen Worten, die nicht unseren alltäglichen Erfahrungen entsprechen, kommen wir in Berührung mit unserer tiefsten Sehnsucht nach Gott und nach Gottes Herrschaft in uns selbst und in unserer Welt. Es geht in diesem Gebet vor allem darum, dass Gott in unserem Leben und in der Welt sichtbar wird.

Die Worte des Vaterunsers sind aber nicht nur die Worte Jesu. Sie sind – wie bei den Psalmen – auch angereichert durch all die Erfahrungen, die Menschen seit fast zweitausend Jahren mit diesem Gebet gemacht haben. So sind es heilige Worte, die wir da nachsprechen. Und es sind Worte, die von einer langen Frömmigkeitsgeschichte durchdrungen sind. Wenn ich etwa bete »Dein Wille geschehe«, so werde ich an das Ringen zahlreicher Menschen um den Willen Gottes erinnert. Und ich bete dieses Wort gemeinsam mit meinem Vater, den dieses Wort sein Leben lang begleitet hat, weil sein letztes Ziel immer war, dem Willen Gottes gerecht zu werden.

Und wenn ich das Wort bete »Unser tägliches Brot gibt uns heute«, dann erinnere ich mich an die Not, die meine Eltern nach dem Krieg gespürt haben, als sie nicht wussten, wie sie ihre große Familie ernähren konnten. So sind die Worte des Vaterunsers angereichert mit Erinnerungen, Erfahrungen, Hoffnungen, Sehnsüchten und mit dem Vertrauen, das viele Beter vor mir in diesen Worten zum Ausdruck gebracht haben.

Wenn Menschen nicht wissen, was sie beten sollen und welche Sprache sie vor Gott sprechen sollen, gebe ich ihnen manchmal diese Übung auf:

Setzen Sie sich allein in Ihr Zimmer. Stellen Sie sich vor, dass Gottes Gegenwart Sie einhüllt. Und dann fangen Sie an, laut mit Gott zu sprechen, nicht so laut, dass die anderen Sie hören, aber doch so, dass Sie Ihre eigene Stimme hören. Sagen Sie Gott, was Sie von sich erzählen möchten. Und fragen Sie Gott: Was sagst Du dazu? Ist das wirklich meine tiefste Sehnsucht? Indem Sie Ihre eigene Stimme hören, werden Sie sehr schnell merken, wo Ihre Worte an Ihrer Wahrheit vorbeigehen, wo sie unangemessen und leer sind. Wenn Sie Ihre Worte hören, werden Sie langsam fähig, jene Worte zu sprechen, die wahr sind, echt, authentisch, angemessen.

Wenn wir mit einem anderen Menschen sprechen, sind wir oft auf unsere Argumente fixiert. Oder wir passen uns manchmal den Erwartungen des anderen an. Wenn wir mit Gott laut sprechen, dann hören wir uns selbst. Und manchmal erschrecken wir vor unserer eigenen Sprache: Wir reden oberflächlich. Wir sind unfähig, das zur Sprache zu bringen, was unsere Seele doch eigentlich sagen möchte.

Aber indem wir so nach Worten ringen, spüren wir, wie mühsam es ist, wirklich die angemessenen Worte für unser Gespräch mit Gott zu finden. Und wir werden bescheiden und demütig. Wir kommen allmählich in unsere Wahrheit. Denn wenn Worte unserer inneren Wahrheit nicht entsprechen, dann stoßen sie uns auf. Dann regt sich in uns Widerstand. Und wir spüren: Das ist noch nicht die ganze Wahrheit. Worte wollen der Wahrheit entsprechen. Aber es ist ein Suchweg, diese innere Wahrheit zu finden und sie so auszudrücken, dass es wirklich die Wahrheit ist.

»Die Sprache spricht.«

Der Philosoph Martin Heidegger hat in einem Vortrag über die Sprache alle Sprachtheorien von sich gewiesen und hat immer nur den Satz meditiert: »Die Sprache spricht.« Das klingt allzu einfach. Aber es zeigt etwas vom Geheimnis der Sprache auf. Alle Sprachtheorien helfen uns nicht weiter, die Sprache zu verstehen, die wir täglich sprechen.

In diesem Buch habe ich nicht den ganzen Reichtum der Sprache erschlossen. Ich habe mich – wie es in unserem vorbereitenden Gespräch zu diesem Buch angesprochen wurde – einfach auf das beschränkt, was mich selbst bewegt, wenn ich an die Sprache denke. Ich selbst spreche täglich zu Menschen, manchmal ganz nüchtern zu meinen Mitarbeitern in der Verwaltung, dann etwas gehobener in Vorträgen. Ich spreche als Liturg und ich gehe schreibend mit der Sprache um. Ich versuche, schreibend eine Sprache zu finden, die meinem eigenen Empfinden gerecht wird und die zugleich die Menschen erreicht, für die ich schreibe.

Je länger ich schreibe, desto mehr bin ich auf dem Weg zur Sprache. Ich habe noch nicht die Sprache gefunden, die die Dinge so anwesend sein lässt, dass das Sein selbst erfahrbar wird und dass der Mensch durch die Sprache in sein Wesen kommt.

Martin Heidegger kreist immer wieder um diese Beziehung von Sagen, Sein und Wesen. In drei Vorlesungen, in denen er das Gedicht »Das Wort« von Stefan George auslegt, kommt er immer wieder auf den letzten Vers zu sprechen: »Kein ding sei wo das wort gebricht.« Ohne Sprache erleben wir die Wirklichkeit nicht, geht uns das Sein nicht auf. Und Heidegger schließt seine Vorlesung mit dem Hinweis auf den »logos«. »Das selbe Wort ›Logos‹ ist aber als Wort für das *Sagen* zugleich das Wort für das *Sein*, d.h. für das Anwesen des Anwesenden. Sage und Sein, Wort und Ding gehören in einer verhüllten, kaum bedachten und unausdenkbaren Weise zueinander.« (Heidegger 237)

In der Sprache wird das Sein anwesend und wir Menschen kommen in unser Wesen. Sprechend erfahren wir, wer wir sind. Und schreibend suchen wir die Sprache, die unser Wesen enthüllt, oder wie Heidegger sagt: »entbirgt«. In der Sprache wird das entborgen, was verborgen in uns ist. So kommen wir mit unserem wahren Wesen in Berührung.

Die Achtsamkeit und Ehrfurcht der Sprache gegenüber, die aus den Gedanken von Martin Heidegger, von Paul Celan, von Peter Handke und Hilde Domin uns entgegenkommen, vermissen wir heute in unserem vielen Reden. Und ich muss ehrlich gestehen, dass ich trotz aller Achtsamkeit, mit der ich zu sprechen und zu schreiben suche, weit hinter dem Anspruch der Dichter und Denker bleibe.

Mit diesem Buch wollte ich mir selbst gegenüber Rechenschaft ablegen für das, was ich sprechend und schreibend tue. Ich wollte aber auch die Sensibilität für die Sprache schärfen. Oft ist unser Sprechen und Schreiben unbewusst. Wir können auch nicht jedes Wort, das wir sprechen, auf die Goldwaage legen. Sonst dürften wir gar nichts mehr sagen. Ich möchte in diesem Buch auch nicht anklagen – auch nicht das öffentliche Reden. Ich halte es vielmehr mit Alexander Solschenizyn, der auffordert, aus der Lüge auszusteigen und nur wahrhaftige Sätze zu sagen und zu schreiben.

Das ist auch mein Anliegen: dass wir sensibel werden für die Sprache, die um uns herum gesprochen wird, dass wir genau hinhören, ob eine Sprache uns guttut oder nicht, ob sie Lüge und Wahrheit ausspricht, ob sie ein Haus baut, in dem Menschen eine Heimat finden, oder aber ob sie die Häuser zerstört, nach denen sich die Menschen heute in der Sprachlosigkeit unserer Zeit sehnen.

Ich habe nur einige Bereiche gestreift, in denen die Sprache eine wichtige Rolle spielt: das Gespräch, die Kommunikation, die Liturgie, das Sprechen in Firmen, in der Familie, in Gemeinschaften, das öffentliche Reden und das Gebet. Es sind die Bereiche, in denen ich lebe. Sie sind willkürlich ausgesucht.

Die Sprache ist immer auch begrenzt. Und so stehe ich am Ende dieses Buches mit leeren Händen da. Ich bin der Sprache nachgegangen, wie sie uns bei Lukas und Johannes begegnet, wie wir sie selbst sprechen und wie sie von Dichtern zu uns gesprochen wird.

Ich wünsche Ihnen, liebe Leserin, lieber Leser, dass Sie beim Lesen mit sich selbst und mit ihrem eigenen Wesen in Berührung kommen. Und ich wünsche Ihnen, dass Sie gerne wieder einmal ein Gedicht lesen, um die geschärfte Sprache der Dichter auf sich wirken zu lassen. Ich wünsche Ihnen, dass Sie selbst sensibler für die Sprache werden, die Sie hören, und für die Sprache, die Sie selbst sprechen, in der Sie sich selbst aussprechen und so das eigene Denken für andere erfahrbar machen.

Ich wünsche uns, dass wir alle so sprechen, wie es das Johannesevangelium uns verheißt: dass unsere Worte Leben und Licht in diese Welt bringen, dass durch unsere Worte diese Welt neu geschaffen wird. Als eine Welt, wie sie dem ursprünglichen Wort Gottes entspricht: »Alles ist durch das Wort geworden, und ohne das Wort wurde nichts, was geworden ist. In ihm war das Leben, und das Leben war das Licht der Menschen. Und das Licht leuchtet in der Finsternis.« (Johannes 1,3–5)

Quellenhinweise

Gerhart Baumann, Erinnerungen an Paul Celan, Frankfurt 1986.

Joachim-Ernst Berendt, Das Dritte Ohr. Vom Hören der Welt, Hamburg 1985.

Josef Blank, Das Evangelium nach Johannes, Düsseldorf 1981.

Norbert Brox, Der erste Petrusbrief, Zürich 1979.

Hilde Domin, Gesammelte Essays, Frankfurt am Main 1993.

Ferdinand Ebner, Gesammelte Werke. Erster Band. Das Wort und die geistigen Realitäten, Wien 1952.

Vilém Flusser, Kommunikologie, Frankfurt am Main 1998.

Notker Füglister, Das Psalmengebet, Münsterschwarzach 2. Auflage 1997.

Hans-Georg Gadamer, Wahrheit und Methode, Tübingen 1965.

Walter Grundmann, Das Evangelium nach Matthäus, Berlin 1968.

Romano Guardini, Die religiöse Sprache, in: Die Sprache. Die Fünfte Folge des Jahrbuchs Gestalt und Gedanke, hg. von der Bayerischen Akademie der Schönen Künste, München 1959, 13–44.

Alois Halder, Im Sprechen: Sehen und Hören. Die Ursprünglichkeit menschlicher Rede von Gott und Welt, in: Ludwig Wenzler (Hg.), Die Stimme in den Stimmen. Zum Wesen der Gotteserfahrung, Düsseldorf 1992, 31–50.

Peter Handke, Aber ich lebe nur von den Zwischenräumen. Ein Gespräch, geführt von Herbert Gamper, Zürich 1987.

Martin Heidegger, Unterwegs zur Sprache, Pfullingen 1959.

Hans Höller, Peter Handke, Hamburg 2007.

Friedrich G. Jünger, Sprache und Denken, Frankfurt am Main 1962.

Karl-Heinz Kleber, Hören, in: Christian Schütz (Hg.), Praktisches Lexikon der Spiritualität, Freiburg im Breisgau 1988, 635–638.
Stephanie Lehr-Rosenberg, »Auch die Erwartung./Abgewandt stieg sie aufs Schiff«. Hoffnung in einem Gedicht von Hilde Domin, in: Ottmar Fuchs/Maria Widl (Hg.), Ein Haus der Hoffnung, Festschrift für Rolf Zerfaß, Düsseldorf 1999, 174–183.
Franz K. Mayr, Hören, in: Reallexikon für Antike und Christentum, Band 15, 1023–1111.
Walter F. Otto, Sprache als Mythos, in: Die Sprache. Die Fünfte Folge des Jahrbuchs Gestalt und Gedanke, hg. von der Bayerischen Akademie der Schönen Künste, München 1959, 171–186.
Emil Preetorius, Eröffnung der Vortragsreihe, in: Die Sprache. Die Fünfte Folge des Jahrbuchs Gestalt und Gedanke, hg. von der Bayerischen Akademie der Schönen Künste, München 1959, 7–12.
John Sanford, Das Johannesevangelium. Eine tiefenpsychologische Auslegung, 2 Bände, München 1997f.
Virginia Satir, Selbstwert und Kommunikation. Familientherapie für Berater und zur Selbsthilfe, München 1993.
Joachim Scharfenberg, Seelsorge als Gespräch, Göttingen 1972.
Peter Schellenbaum, Gottesbilder, Religion, Psychoanalyse, Tiefenpsychologie, München 1989.
Karl Schlemmer, Von der Problematik einer kommunikativen Sprache in der Liturgie. Plädoyer für eine neue Sprache, in: Anzeiger für die Seelsorge 6/2012, 11–14.
Heinrich Schlier, Wort, in: Heinrich Fries, Handbuch theologischer Grundbegriffe, Band 2, München 1963, 845–867.
Friedemann Schulz von Thun, Miteinander reden, Band 1: Störungen und Klärungen, Reinbek 1998.
Friedemann Schulz von Thun, Miteinander reden, Band 3: Das »Innere Team« und situationsgerechte Kommunikation, Reinbek 1998.

Christian Schütz/Dieter Nestle, Wort, in: Christian Schütz (Hg.), Praktisches Lexikon der Spiritualität, Freiburg im Breisgau 1988, 1439–1442.

Alexander Solschenizyn, Offener Brief an die sowjetische Führung (Sept. 1973). Lebt nicht mit der Lüge (Febr. 1974), Darmstadt 1974.

Martin Stuflesser, How to pray the vernacular. Überlegungen zu Fragen der Liturgiesprache am Beispiel des neuen *Roman Missal* in den USA, in: Anzeiger für die Seelsorge 6/2012, 18–22.

Pierre Stutz, Auf neue Worte warten. Eine Ermutigung zum Perspektivwechsel, in: Anzeiger für die Seelsorge 6/2012, 15–17.

Paul Watzlawick, Die Möglichkeit des Andersseins. Zur Technik der therapeutischen Kommunikation, Bern 1977.

Weisung der Väter. Apophtegmata Patrum, Trier, 4. Auflage 1998.